O Adolescente
e o Novo Direito

WALDEMAR THOMAZINE

*Bacharel em Ciências Jurídicas e Sociais pela
Faculdade de Direito da Universidade de São Paulo — USP.
Juiz do Trabalho da 2ª Região (aposentado).*

O ADOLESCENTE
E O NOVO DIREITO

Editora LTr
São Paulo

Dados Internacionais de Catalogação na Publicação (CIP)
(Câmara Brasileira do Livro, SP, Brasil)

Thomazine, Waldemar
O adolescente e o novo direito / Waldemar
Thomazine. — São Paulo : LTr, 2008.

Bibliografia.
ISBN 978-85-361-1197-1

1. Adolescentes — Direito — Brasil I. Título.

08-06521 CDU-347.157.1:347.922.33(81)

Índice para catálogo sistemático:

1. Brasil : Adolescentes : Novo direito
347.157.1:347.922.33(81)

© Todos os direitos reservados

EDITORA LTDA.

Rua Apa, 165 – CEP 01201-904 – São Paulo, SP – Brasil
Fone (11) 3826-2788 – Fax (11) 3826-9180 – www.ltr.com.br

LTr 3669.5 Agosto, 2008

HOMENAGEM

Aos Eminentes Juízes de Menores, que há meio século inspiraram o aparecimento de entidades como a Guarda Mirim, Círculo dos Amigos dos Menores Patrulheiros, Legião Mirim, Associação de Educação do Homem de Amanhã e outras, na pessoa de alguns de seus pioneiros:

Dr. Felizardo Calil
e
Dr. Marino da Costa Terra

À memória de

Ruy Rodriguez, incansável defensor dos interesses e direitos dos adolescentes.

Aos bravos voluntários — inúmeros espalhados pelo país — que contribuem ou contribuíram para a educação e profissionalização de milhares de adolescentes, nas pessoas de:

Datis Alves de Almeida,
Guilherme Teodoro Mendes e
Márcio Bagueira Leal

SUMÁRIO

Prefácio – *Damásio de Jesus* 9

Capítulo I – O problema do adolescente 13

Capítulo II – O adolescente e o novo direito 16

Capítulo III – Modalidades de trabalho do adolescente .. 21

Capítulo IV – Entidade de atendimento 23

Capítulo V – Entidade conveniada 27

Capítulo VI – Os adolescentes 29

Capítulo VII – Trabalho educativo 32

Capítulo VIII – O trabalho educativo e as normas constitucionais 38

Capítulo IX – O trabalho educativo e a legislação trabalhista 41

Capítulo X – Fiscalização do trabalho educativo 48

Capítulo XI – Variações sobre o trabalho educativo ... 51

Capítulo XII – Suplementação do ECA por Lei Municipal 57

Capítulo XIII – Jurisprudência – Sentenças do Primeiro Grau 61

Capítulo XIV – Considerações finais 78

Obras consultadas 81

PREFÁCIO

Sempre apreciei os juristas que, como meu bom amigo, Professor *Waldemar Thomazine*, dedicam-se a estudar a aplicação dos princípios perenes do Direito às novas realidades sociais. De fato, é próprio da Ciência Jurídica não ser estática e fossilizada, mas acompanhar *pari passu* as transformações da sociedade e se adaptar a elas. Os juristas que têm suas vistas voltadas para essas transformações são, em via de regra, aqueles que mais contribuem para o progresso do Direito, aqueles que mais lhe garantem o dinamismo renovador de que toda ciência digna desse nome carece.

Um dos fenômenos psicológicos, ou psico-sociológicos, caracterizados e estudados no decorrer do século XX, é o problema da adolescência, antes completamente desconhecido.

O surgimento da adolescência — fase intermediária entre a infância e o estado de adulto, que vai mais ou menos dos 12 até os 18 anos —, com características próprias, é fenômeno novo, surgido com a mudança do modelo de estrutura familiar. No passado, quando predominava o modelo patriarcal de família, não se notava o fenômeno da adolescência, que somente se manifestou quando tomou a dianteira o modelo novo de família, a chamada família nuclear, hoje predominante.

No modelo patriarcal de família, eram habitualmente numerosas as proles, de modo que a transição da infância para a maturidade se processava de modo gradual e suave, sem entrechoques ou conflitos geracionais. As crianças cresciam convivendo com numerosos irmãos, primos e, às vezes, tios de idades gradativas mais ou menos próximas. Era freqüente serem criados juntos tios e sobrinhos quase da mesma idade. O surgimento de irmãozinhos e irmãzinhas fazia com que, de certa forma, o ônus da educação familiar fosse compartilhado pelos irmãos mais velhos. As próprias roupas e até mesmo os livros escolares iam trocando de mãos, passando dos irmãos mais velhos para os menores. Os irmãos e irmãs mais velhos eram vistos, pelos menores, com respeito, com uma espécie de autoridade que era prolongamento da paterna ou materna. Muitas vezes, aliás, os irmãos ou irmãs menores eram afilhados de batismo dos irmãos mais velhos.

Os próprios casamentos eram, não raras vezes, realizados entre pessoas extremamente jovens. Meninas de 14 ou 15 anos se viam, assim, de repente, na condição de mães de família e donas de casa. Ouvi contar o caso comovedor de uma senhora paulista do século XIX que casou aos 13 anos e levou, para o novo lar, suas bonecas infantis. Já dona de casa, costumava ficar brincando com as bonecas, mas deixava uma criada de confiança na janela, para avisar quando o marido estivesse chegando. Escondia, então, as bonecas, revestia-se da seriedade de dama e recebia o marido.

Dentro desse contexto, o crescimento e a passagem da fase infantil para a adulta se processava de forma diferente da atual.

Não estou, obviamente, avaliando ou julgando esses modelos familiares. Apenas constato que existiu no passado um modelo, que hoje existe outro diferente e que, da passagem do primeiro para o segundo, foi enorme a transformação psico-sociológica verificada.

Atualmente, a fase da adolescência é bem nítida e demarcada. É uma fase de transição em que, à maneira dialética, os valores e os critérios da infância são contestados, por vezes de modo até agressivo. Os pais, que na infância eram admirados e respeitados como modelos ideais, são de repente apeados do seu pedestal e rudemente contestados.

É a famosa fase chamada, pejorativamente, de "aborrecência". Vem depois, a modo de síntese, a fase adulta, em que os pais retomam de certa forma seu papel na vida dos filhos.

O aparecimento do fenômeno da adolescência tornou indispensável, ao Direito, um esforço de adaptação. No Brasil, tal esforço se corporificou na promulgação, em 1990, da Lei n. 8.068 — Estatuto da Criança e do Adolescente (ECA) —, de enorme importância social e cultural.

Waldemar Thomazine, meu prezado amigo há muitos anos, dedicou-se ao estudo desse fenômeno novo e de suas implicações no campo do Direito. Ademais de experiente Juiz do Trabalho, durante muitos anos vem realizando notável trabalho voluntário em associações de "guardinhas" na sua cidade, Capivari, além de Americana, Atibaia, Campinas e outras. Está, pois, altamente capacitado, tanto do ponto de vista teórico quanto prático, para escrever sobre o assunto e para dele tratar *ex cathedra*.

Neste livro, ele resume, de modo didático e agradável de se ler, toda a legislação existente no Brasil sobre a adolescência. Trata especificamente do ECA, situando-o no contexto dos princípios gerais formulados pela Constituição Federal, mas aborda também a legislação pertinente infraconstitucional, sem deixar de explorar a jurisprudência firmada a respeito. Mostra que as entidades de atendimento, públicas ou particulares (ONGs), que recebem denominações várias, como Guarda Mirim, Círculo dos Amigos do Menor Patrulheiro, Associação de Educação do Homem de Amanhã, Legião Mirim etc. desenvolvem um trabalho de grande alcance social, podendo e devendo ser prestigiadas e favorecidas. Tais entidades de atendimento desenvolvem, nas palavras do Dr. *Thomazine, "programas sócio-educativos equilibrados, evitando que sejam simples escola paralela ou mera intermediadora de mão-de-obra"*.

O autor sustenta, ademais, que o relacionamento dessas entidades com os adolescentes junto aos quais atuam não é nem pode ser entendido como de natureza trabalhista. E ressalta também que seu escopo não é profissionalizante, mas educativo. Em outras palavras, no caso dos adolescentes atendidos por tais entidades, o trabalho que estas realizam é um meio para a educação daqueles, e não é a educação que se ordena para o trabalho. Daí a necessidade de serem seus programas *"planejados e postos em prática por uma equipe técnica, geralmente composta, nas entidades de médio e grande porte, por pedagogos, assistentes sociais, professores, bibliotecários e monitores, o que demonstra a preocupação com a educação dos adolescentes assistidos"*.

Um fato que eu desconhecia, mas que o ilustre autor registra de passagem, em abono do caráter eminentemente educativo dessas associações, é que são juízes de Direito, hoje, pelo menos dois antigos "guardinhas", que receberam ótima formação, completaram seus estudos, prestaram concursos regulares e, atualmente, abrilhantam a nossa Magistratura. Há também exemplos numerosos de *"médicos, engenheiros, advogados, dentistas, economistas e executivos vitoriosos"* entre as *"pessoas bem sucedidas na vida que deram seus primeiros passos como profissionais assistidos pelas Guardas Mirins... e outras entidades do tipo"*.

Pediu-me o Professor *Thomazine* algumas palavras de introdução ao seu livro. Aqui deixo estas breves considerações, que, aliás, reputo supérfluas, porque sua obra, em rigor, não carece de apresentação alguma. Ela fala por si. É contribuição útil e necessária, de inegável alcance prático para quantos queiram estudar o assunto. E escrita com ótimo Português, diga-se de passagem, por quem conhece o assunto em profundidade.

Damásio de Jesus

Capítulo I

O PROBLEMA DO ADOLESCENTE

Com admirável bom senso e com a experiência acumulada ao longo de mais de vinte e cinco anos de trabalho com menores aprendizes no SENAI, de mais de vinte anos como secretário da Legião Mirim de Bauru (SP) e como diretor da Faculdade de Administração da Instituição Toledo de Ensino da mesma cidade, o eminente Professor *Pedro Grava Zanotelli* escreveu um dos mais lúcidos e ricos trabalhos (de distribuição restrita) sobre o tema aqui abordado, do qual extraímos alguns tópicos, especialmente os que se referem ao agravamento do problema da ocupação do adolescente nas últimas décadas e o aparecimento das entidades de atendimento, dentre as quais as Guardas Mirins, Associações de Educação do Homem de Amanhã, Patrulhas Mirins, Serviço de Orientação de Menores, Associações de Patrulheiros, Legiões Mirins e outras.

Fazendo coro com o ilustre professor, podemos afirmar que o aumento da população urbana em inúmeras das cidades do país, como conseqüência do êxodo rural, das correntes migratórias, dos desabrigados e dos desempregados tem agravado o problema do adolescente. Tais dificuldades continuam ocorrendo, apesar dos esforços das autoridades, de instituições, tanto públicas como particulares, e do trabalho generoso de milhares de voluntários de todo o país, empenhados na busca de medidas e soluções que o caso exige com a maior urgência.

A situação dos adolescentes, principalmente das famílias de baixa renda, é realmente preocupante. Na grande maioria, os pais são trabalhadores urbanos — operários, comerciários, faxineiros, diaristas, empregados domésticos — e os adolescentes raramente têm condições de trabalhar sob a proteção da família.

Trabalhando longe da residência, com transporte difícil e demorado, os pais saem cedo e regressam tarde, o que faz com que muitas vezes só vejam os filhos no final da semana. Em outros casos, os pais são protagonistas de conflitos domésticos, que dificultam o bom e sadio relacionamento familiar, com reflexos negativos na formação e no comportamento do adolescente.

Esses fatos e as seqüelas perversas que geram, aliadas à desocupação, à pobreza e à falta de uma adequada orientação religiosa, têm fragilizado e destruído muitas famílias. Como conseqüência, as ruas e praças públicas estão tendo uma crescente população de adolescentes executando pequenos serviços, pedindo esmolas, furtando, se prostituindo e se drogando.

Diante da ameaça social representada pelo abandono, assim se manifestou o Professor *Pedro Grava Zanotelli*: *"Tirar o menor da rua é uma tarefa muito difícil. Depois de encontrar a liberdade sem freios e de não estar sujeito aos deveres de sua idade, o adolescente resiste a todo o processo de recuperação. Melhor é evitar que ele vá para a rua. É preferível assisti-lo enquanto ainda tem algum vínculo com a família, do que tentar recuperá-lo depois de cair em desgraça. Não que isto não deva ser feito, mas tudo se deve fazer para se evitar essa situação."*

É com essa disposição que surgiram, há meio século, as instituições anteriormente citadas, criadas, quase todas, por iniciativa dos antigos Juízes de Menores, dentre os quais podem aqui ser citados alguns pioneiros como o Dr. *Felizardo Calil*, em Santo Anastácio (SP) no ano de 1954, e o Dr. *Marino da Costa Terra*, em São Carlos (SP) no ano de 1960.

O presente trabalho descreve a atuação dessas instituições, em boa parte a da Associação de Educação do Homem de Amanhã — Guardinha de Campinas (SP) — destacando as transformações de procedimentos, ditadas pelo advento de novas normas jurídicas ao longo do tempo de suas atividades.

Capítulo II

O ADOLESCENTE E O NOVO DIREITO

Antes da Lei n. 8.069, de 13 de julho de 1990, que dispõe sobre o Estatuto da Criança e do Adolescente — ECA, não havia, no ordenamento jurídico do país, qualquer norma específica sobre o trabalho dos adolescentes assistidos pelas Guardas Mirins e outras entidades com finalidades idênticas ou semelhantes, salvo nos poucos anos em que vigoraram o Decreto-Lei n. 2.318/86 e Decreto n. 94.338/87, relacionados ao "Programa Bom Menino". Um ou outro adolescente, alegando que a relação jurídica decorrente do trabalho educativo era de natureza trabalhista, procurava — e ainda hoje procura — a Justiça do Trabalho objetivando receber o que entendia ser "seus direitos".

Julgar essas ações sempre foi um desafio para os Juízes do Trabalho, dado que tinham de optar: ou aplicar as leis trabalhistas ou as normas de proteção, em face do art. 5º da Lei de Introdução ao Código Civil, do art. 8º da CLT e, hoje, do art. 6º do ECA, assim redigido: *"Na interpretação desta Lei levar-se-ão em conta os fins sociais a que ela se dirige, as exigências do bem comum, os direitos e deveres individuais e coletivos, e a condição peculiar da criança e do adolescente como pessoas em desenvolvimento"*.

Tal dispositivo e o caráter filantrópico das entidades de assistência aos adolescentes, as carências destes, tanto de ordem pessoal como familiar, o programa educativo e, principalmente, os bons frutos do trabalho assistido colhidos pelas famílias e pela sociedade ao longo de várias décadas sempre influíram intensamente nas decisões. Talvez resida aí a explicação para o fato de as reclamatórias, em expressiva maioria, terminarem, desde muitos anos, com a improcedência dos pedidos.

Alguns exemplos encontrados na jurisprudência ilustram a assertiva, a saber:

> 1. TRT 15ª JCJ de Barretos – Proc. n. 12.345/91–9 — Recurso Ordinário – Relª Juíza Eliana Felippe Toledo – Acórdão: "Entendemos que as instituições dos guardas-mirins realizam um trabalho social extremamente importante e merecedor do apoio de toda coletividade. As empresas que colaboram com tais instituições, aceitando os guardinhas em seus estabelecimentos, somam forças no sentido de diminuir a ausência de recursos financeiros do menor brasileiro, ensinando-o a dar os primeiros passos no caminho do trabalho e da convivência social. O reconhecimento de relação de emprego significaria a imposição de ônus a quem, na verdade, mereceria um prêmio. Pelo exposto, nego provimento ao recurso ..."

> 2. Proc. n. 875/00 – 2ª Vara do Trabalho de Jaú (SP) – Decisão: "... na aplicação da lei, o juiz atenderá aos fins sociais a que ela se dirige e às exigências do bem comum (art. 5º da LICC), previsão esta que se compatibiliza com o disposto no art. 8º do Estatuto Consolidado e, nesta esteira, não se pode deixar de reconhecer que a Legião Mirim é uma entidade social que arregimenta menores, retirando-os das ruas e proporcionando-lhes a possibilidade de encaminhamento profissional, razão pela qual, caso se reconheça o vínculo de emprego, mormente no caso vertente que comprovadamente

nenhuma fraude foi comprovada, poderá trazer até mesmo a inviabilização de tais projetos sociais. Esse tem sido o entendimento trilhado pela jurisprudência."
... "Posto isso, a 2ª Vara de Jaú, por unanimidade, julga IMPROCEDENTES os pedidos ..."

3. TRT 24ª Reg., Ac n. 3.512, Processo MS n. 004088, Relª Juíza Geralda Pedroso, Decisão 6.7.1995, DJ 31.7.1995. EMENTA: Patrulheiro Mirim – Vínculo Empregatício – Inexistência. Trata-se do próprio patrulheiro mirim, menor, e não prestador de serviços para a entidade. Insurge-se o Reclamante contra a decisão de origem, que não reconheceu o vínculo empregatício a Recorrida, alegando que encontram-se presentes todos os requisitos legais para a configuração da relação de emprego. A Corporação dos Patrulheiros Mirins é uma entidade civil, sem fins lucrativos, com o escopo de retirar o adolescente carente das ruas, propiciando-lhe um atendimento educacional e integrando-se à sociedade e mercado de trabalho. Um dos problemas do nosso país é o menor abandonado, que se encontra vagando pelas ruas das cidades, convivendo à margem da sociedade, em contato com drogas e com a criminalidade. E se deparamos com um projeto ou entidade que tem como intuito maior o atendimento educacional desses jovens, preparando-os e orientando-os para o ingresso no mercado de trabalho, temos é que dar apoio e incentivo, já que só contribui para o bem de toda uma sociedade, superando em muito o interesse individual do menor em ver reconhecido o vínculo empregatício. Recurso desprovido.

4. TRT/SP 15ª Reg. n. 8.347/99 – Ac 2ª T. 24.613/00. Rel. Luiz Carlos Cândido Martins Sotero da Silva. DOE 18.7.2000. p. 11. Vínculo Empregatício. 1. Legionário Bolsista. Atividade Desenvolvida Com o Fim Educativo. Inexistência. Diante da realidade sócio-econômica nacional, inevitável reconhecer-se que as

entidades que prestam serviços filantrópicos, promocionais, sem fins lucrativos desempenham papel importante no cenário de desemprego, exclusão e miséria que se delineia, não podendo ser dado a elas o mesmo tratamento legal dispensado às atividades com finalidade eminentemente econômica. Assim, uma vez sendo firmado contrato com menor, com o fim exclusivo de ser colocado em situações de estágio, percebendo bolsa e outros benefícios, não se pode aplicar a ele extensivamente a proteção ínsita ao Direito Laboral, não havendo que se falar em relação de emprego entre as partes envolvidas, seja entre o menor e a entidade assistencial, seja entre ele e a tomadora.

5. TRT 15ª R. – Proc. n. 35.203/98 – Ac. n.2.610/00 – 1ª T. – Rel. Juiz ANTONIO TADEU GOMIERI – DOESP 1.2.2000)". – Decisão: "RELAÇÃO DE EMPREGO – GUARDA MIRIM. Entidade beneficente. Não-configuração. Notório o projeto de cunho social, lançado pela Guarda Mirim, no intuito de dar uma oportunidade aos menores de se especializarem em algum tipo de serviço, tirando-os da ociosidade, dando oportunidade aos filhos de famílias de baixa renda que não conseguem, em sua maioria, orientar e controlar seus filhos, que passam, via de regra, a exercer atividades do mercado informal, encaminhando-se, muitas vezes, para a marginalidade. O trabalho desenvolvido por esta entidade visa, exatamente, a retirar menores das ruas, dar-lhes um ambiente saudável, levando-os à aprendizagem e experiência profissional que, a par da escolaridade exigida, como condição de permanência no Projeto, os capacite a encontrar, depois de 18 anos, colocação no mercado formal de trabalho. Caso se reconheça o vínculo empregatício, estar-se-á acarretando, a médio prazo, o fim desta entidade citada, assim como de outros projetos similares. Não há que se falar em vínculo empregatício entre esta entidade

e o reclamante, mesmo porque, em momento algum houve prestação de serviços a ela, além de não estarem preenchidos os requisitos dos arts. 2º e 3º da CLT

A partir do aparecimento do ECA, há um Novo Direito a ser considerado. O trabalho dos adolescentes assistidos pelas mencionadas entidades de atendimento é, em face desse Novo Direito, um componente de sua educação, por força do que se contém no art. 68 do Estatuto e, também, na Lei n. 9.394/96, que dispõe sobre as Diretrizes e Bases da Educação Nacional, especialmente os arts. 39 e 40, regulamentados pelo Decreto n. 2.208/97.

É oportuno registrar que neste estudo não se inclui o trabalho infantil, proibido por lei. Cabe lembrar, a par disso, que o Estatuto da Criança e do Adolescente — ECA, segundo a redação do art. 2º, considera **criança**, para os efeitos legais, a pessoa com idade até **doze** anos incompletos. Entre doze e dezoito anos, **adolescente**.

O que aqui se pretende é oferecer à reflexão dos estudiosos do Direito uma série de dados a respeito do trabalho educativo, com ênfase para o **educando**, mencionado, expressamente, no citado art. 68 do ECA e para a realização do qual concorrem, de modo preponderante, a **entidade de atendimento** e a **entidade conveniada ou colaboradora**, que serão estudadas mais adiante.

Capítulo III

MODALIDADES DE TRABALHO DO ADOLESCENTE

O Estatuto da Criança e do Adolescente – ECA, no art. 67, arrola várias modalidades de trabalho prestado pelo adolescente, a saber:

a – **como empregado**, o adolescente, com 16 anos de idade, no mínimo, é contratado segundo as disposições da Consolidação das Leis do Trabalho (CLT);

b – **como aprendiz**, o adolescente, com idade não inferior a 14 anos, é admitido para trabalhar como aprendiz, submetendo-se à aprendizagem metódica, prevista nos arts. 428 e seguintes da CLT;

c – **como integrante do grupo que trabalha em regime familiar**, o adolescente trabalha com os pais ou responsáveis legais, dos quais seja dependente, em propriedade da família, ou em contratos de parceira;

d – **como aluno de escola técnica**, o adolescente estuda para aprender um ofício ou uma profissão que o habilite a obter um emprego, ou desenvolver uma atividade regular remunerada. Não é modalidade de trabalho comparável às demais. As escolas técnicas são de nível médio e seus alunos, quando trabalham, o fazem como estagiários;

e – **como assistido** em entidade governamental ou não governamental sem fins lucrativos, o adolescente é acompanhado, no trabalho assim como na escola, por entidade de atendimento, regularmente registrada, que desenvolve programa socioeducativo; predomina, no caso, o **trabalho educativo** previsto no art. 68 do ECA, que denomina o adolescente de **educando**.

Cabe acrescentar aqui a atividade que pode ser desenvolvida pelo adolescente nas seguintes condições:

f – **como avulso**, modalidade muito rara no caso dos adolescentes, o serviço é prestado a várias empresas, por intermédio de entidade de classe e sem vínculo empregatício. O trabalho avulso caracteriza-se: 1. pela intermediação do sindicato ou órgão específico na colocação de mão-de-obra; 2. pela curta duração do labor; 3. pelo predomínio da remuneração em forma de rateio;

g – **como autônomo**, a atividade é independente no ajuste e na execução; no caso dos adolescentes, trata-se de modalidade praticamente inexistente;

h – **como voluntário**, nos termos da Lei n. 9.608/98;

i – **como estagiário**, conforme dispõe a Lei n. 6.494/77.

Dentre essas modalidades destacam-se o trabalho do adolescente como (1) **aprendiz**, como (2) **educando** assistido por entidade não governamental sem fins lucrativos e como (3) **estagiário**. São as três modalidades mais comuns, nos dias de hoje, para a preparação do adolescente com vistas a sua inclusão no chamado mundo do trabalho.

Capítulo IV

ENTIDADE DE ATENDIMENTO

Boa parte das instituições, que há aproximadamente meio século assistem e orientam adolescentes, designadas pelo Estatuto da Criança e do Adolescente como **entidades de atendimento**, foi alterando e aperfeiçoando suas estruturas e seus programas ao longo dos anos, de maneira a adequá-los às necessidades do momento histórico. Atualmente elas mantêm programas de caráter socioeducativo, elaborado e acompanhado por uma equipe técnica, compreendendo, ao mesmo tempo, atividades na escola e no trabalho, segundo as normas relacionadas à educação profissional, previstas, principalmente, na Lei de Diretrizes e Bases da Educação Nacional. Os frutos daí advindos têm sido muito bons, como atestam as inúmeras pessoas bem sucedidas, que tiveram nessas entidades valioso apoio para iniciar suas atividades na vida.

Antes do advento do ECA (Lei n. 8.069, de 15 de julho de 1990), as entidades que cuidavam dos adolescentes procuravam "reformar" o menor, usando métodos totalmente inadequados para uma formação saudável. O Estatuto alterou tais métodos, adotando o modelo da **proteção integral** da criança e do adolescente (art. 1º), e implantando uma política de **atendimento de seus direitos**, para o que:

> I – estabelece que a política de atendimento dos adolescentes seja praticada por um conjunto articulado de ações governamentais e não governamentais (art. 86);

II – elege as políticas sociais básicas entre as linhas da ação política de atendimento (art. 87), e institui programas específicos entre as diretrizes da política de atendimento (art. 88);

III – dispõe que o planejamento e execução dos programas de apoio socioeducativos em meio aberto, destinados aos adolescentes, são atribuição das **entidades de atendimento**, que se responsabilizam, também, pela manutenção das próprias unidades (art. 90);

IV – exige que as **entidades de atendimento** procedam à inscrição de seus programas junto ao Conselho Municipal dos Direitos da Criança e do Adolescente, estabelecendo, a par disso, que as entidades não governamentais somente podem funcionar depois de registradas no referido Conselho, que disso dará ciência ao Conselho Tutelar e à autoridade judiciária local (art. 90 – parágrafo único e art. 91);

V – prescreve (art. 91, parágrafo único) que o registro será negado à entidade que:

"a – não ofereça instalações físicas em condições adequadas de habitabilidade, higiene, salubridade e segurança;

b – não apresente plano de trabalho compatível com os princípios da Lei;

c – esteja irregularmente constituída;

d – tenha em seus quadros pessoas inidôneas."

À luz da legislação em vigor, pode-se dizer que a entidade de atendimento é a instituição governamental, ou não governamental sem fins lucrativos e registrada na forma da lei, que se responsabiliza pela manutenção das próprias unidades, planeja e executa programas de proteção e programas socioeducativos em meio aberto destinados a adolescentes, incluindo-se o programa com base no trabalho educativo.

As **entidades de atendimento** buscam manter na prática programas socioeducativos equilibrados, evitando que sejam simples escola paralela ou mera intermediadora de mão-de-obra. Tais programas são planejados e postos em prática por uma equipe técnica, geralmente composta, nas entidades de médio e grande porte, por pedagogos, psicólogos, assistentes sociais, professores, bibliotecários e monitores, o que demonstra a preocupação com a **educação** dos adolescentes assistidos.

De modo geral, os programas das entidades de atendimento estabelecem:

a – freqüência obrigatória à escola, com avaliação do aproveitamento do educando;

b – curso preparatório para o trabalho, que tem duração não inferior a dez semanas, com aulas de português e matemática a título de complementação, exercício de prática comercial e de serviços administrativos, aulas de higiene, saúde, direitos e deveres da cidadania, noções de informática, além do ensino de outras disciplinas julgadas úteis pela equipe técnica, encerrando-se com ato solene de entrega de certificado de freqüência;

c – o encaminhamento do adolescente, após encerrado o curso e dependendo sempre de vagas, às entidades cooperadoras, onde é acompanhado e orientado por um adulto;

d – licença de um dia por mês, durante a permanência na entidade cooperadora, para comparecimento à sede da entidade de atendimento a fim de: (1) comprovar a freqüência escolar, (2) conhecer a avaliação do seu desempenho, (3) assistir a aulas e/ou palestra sobre temas diversos (inter-relacionamento pessoal, drogas, gravidez, sexualidade, solidariedade, família, religião, ética profissional, etc.) (4) receber sua bolsa-educação;

e – prática de esportes, lazer e atividades culturais (incluindo, em alguns casos, a participação em banda marcial).

Os eventuais abusos, apurados pelo Conselho Tutelar, ou a ele denunciados, que importem desvirtuamento do programa socioeducativo e desrespeito aos direitos dos adolescentes, devem ser obrigatoriamente comunicados à Promotoria da Infância e Juventude e, eventualmente, ao próprio Juiz, para as medidas cabíveis.

Frise-se que há entidades com perfis variados e atuações diversificadas. Umas atendem adolescentes-infratores. Outras atuam com adolescentes-não-infratores, num trabalho de assistência preventiva visando a evitar uma situação ruim e às vezes incontrolável. Registre-se que as entidades de atendimento podem, por lei, operar com adolescentes-aprendizes, adolescentes-educandos e com adolescentes-estagiários, simultaneamente ou não, dentro do programa socioeducativo.

O presente estudo, que diz respeito às entidades de atendimento a adolescentes não-infratores, baseia-se muito na experiência da Guardinha de Campinas (AEDHA), que durante quase meio século foi aprimorando sua estrutura e aperfeiçoando seu programa educacional, sendo freqüentemente citada como referência, até a mudança, em 2007, do modelo que praticou durante muitos anos, passando daquele fundado no art. 68 do ECA para o do art. 428 da CLT. No tempo em que durou o modelo anterior, a entidade foi, a pouco e pouco, preenchendo a lacuna que existia no ordenamento jurídico do país, amoldando e construindo um modelo de entidade de atendimento, assim como instituindo usos e costumes cujos frutos sempre foram amplamente reconhecidos e aplaudidos. Espera-se que tal experiência sirva de subsídio para os dispositivos legais sobre o trabalho educativo, *"de lege ferenda"*.

Capítulo V

ENTIDADE CONVENIADA

A atividade das entidades de atendimento, segundo o modelo por elas praticado, é complementada pelas entidades **conveniadas**, que colaboram na execução do programa. Pela designação de **entidade conveniada**, ou **colaboradora**, entende-se a empresa, pública ou particular, os profissionais liberais ou autônomos, e os órgãos públicos que acolhem adolescentes inscritos nos programas socioeducativos das **entidades de atendimento**, baseados no art. 68 do ECA.

Entre as entidades é celebrado um convênio pelo qual a colaboradora se obriga a oferecer ao **educando** os meios de que ela dispõe para sua formação e capacitação para o exercício de atividade regular remunerada, comprometendo-se: 1. a seguir a orientação transmitida pela equipe técnica da entidade de atendimento; 2. a designar uma pessoa adulta, de seu quadro de empregados ou de sua direção, que se encarregará de monitorar e orientar o educando. O trabalho educativo não pode ser executado em ambientes prejudiciais à formação do adolescente, a seu desenvolvimento psíquico, moral e social e em horários e locais que não permitam a freqüência à escola, sendo vedado o trabalho perigoso, insalubre e penoso.

O convênio firmado pelas entidades estabelece o pagamento, pela colaboradora, de uma bolsa mensal ao educando; a par disso, prevê o pagamento à entidade de atendimento de uma contribuição para manutenção de seus serviços. A entidade conveniada, independentemente da bolsa, paga ao educando, entre os dias 1º e 20 de dezembro, um abono de valor igual ao da bolsa-educação, na proporção de 1/12 por mês trabalhado no ano respectivo. A par disso concede trinta dias de descanso remunerado por ano. Todos os pagamentos são feitos por intermédio da entidade de atendimento.

De outra parte, compromete-se, também, a licenciar o educando — um dia por mês — para comparecimento à sede da entidade de atendimento, a fim de receber a bolsa-educação e cumprir os deveres do programa. A refeição e o transporte, dependendo do tamanho e condições da cidade, são proporcionados ao educando segundo o que dispuser o convênio celebrado entre as entidades. Intervalo de descanso, cesta de alimentos e outros benefícios são, também, em certos casos, objeto do convênio.

Até junho de 2007, a Guardinha de Campinas, cuja experiência é aqui tomada como base para análise, proporcionava, além de outros vários benefícios, duas refeições ao dia e banho, à tarde, aos adolescentes que dali seguiam para a escola. Ressalte, neste ponto, o amparo dado ao adolescente, abrangente, humano e útil a seu desenvolvimento.

Capítulo VI

OS ADOLESCENTES

O art. 67, *caput*, do ECA, como aqui já foi dito, menciona, entre outras modalidades de trabalho, aquele que é prestado pelo adolescente assistido por entidade governamental ou não governamental sem fins lucrativos. São incluídos nesses programas os adolescentes, de preferência os que mais precisam, entre 16 e 18 anos, que estiverem freqüentando o curso fundamental ou médio. Não há lei que impeça a inclusão dos adolescentes a partir dos 12, 13 ou 14 anos de idade, isto porque nossa legislação os considera **educandos** e não trabalhadores. Ao completarem 18 anos de idade, são desligados do plano.

No ato da matrícula ou inscrição, o pai, mãe ou responsável legal do adolescente é entrevistado para fornecer dados sobre a família e receber orientação relacionada ao programa. No ato os pais ou o responsável legal assinam uma autorização à entidade de atendimento para o encaminhamento do menor à entidade colaboradora. Durante a permanência na entidade, o educando é acompanhado, internamente, por um dirigente ou empregado adulto e, externamente, pela entidade de atendimento, quer em relação à freqüência escolar, quer quanto ao trabalho executado.

O educando cumpre, geralmente, jornada de trabalho de duração não superior a 7 (sete) horas, que não se inicia antes das 8:00h. e não termina depois das 17:00h., nos dias úteis, com intervalo não inferior a 1 (uma) hora para refeição e repouso. O convênio celebrado entre as entidades institui a licença de 1 (um) dia por mês para comparecimento à entidade de atendimento e um descanso anual de 30 (trinta) dias corridos, que coincidem com as férias escolares, sem prejuízo do recebimento da bolsa-educação. Em favor do educando ou de seus pais ou familiares, é feito seguro contra os riscos de acidentes pessoais.

A adolescente desligada pela entidade conveniada por motivo de gravidez é encaminhada ao serviço público de saúde (ECA, art. 8º) e recebe orientação, apoio e assistência psicológica da entidade de atendimento. Se uma outra entidade aceitá-la, ela continua a executar o trabalho educativo, pelo prazo fixado por atestado médico. Algumas entidades de atendimento mantêm um fundo para, eventualmente, garantir uma cesta de alimentos ou a bolsa conveniada, total ou parcialmente, no caso de não se conseguir a recolocação. Não há previsão legal que as obrigue a isso. É bom ter em conta que as entidades de atendimento são órgãos da estrutura escolar do país.

O educando, segundo os usos e costumes, é afastado ou excluído do programa nos seguintes casos:

a – por falta disciplinar grave, julgada pela equipe técnica de entidade de atendimento;

b – pelo abandono ou exclusão da escola;

c – a pedido do pai, mãe ou responsável legal;

d – por determinação judicial;

e – ao completar 18 anos de idade.

Nas hipóteses **a** e **b**, as entidades de atendimento procedem de forma a evitar traumas, procurando, sempre, fazer alguma coisa de útil com vistas à formação do adolescente.

Na hipótese e, a permanência do adolescente na entidade colaboradora, já então como empregado, com os direitos e deveres previstos na Consolidação das Leis do Trabalho, constitui sempre mais uma vitória da entidade de atendimento, até mesmo pelo fato de haver proporcionado ao jovem trabalhador as condições que lhe permitiram a capacitação para o exercício de atividade regular remunerada, como dita o ECA, art. 68, *caput, in fine*.

Capítulo VII

TRABALHO EDUCATIVO

A fundamentação legal do **trabalho educativo**, no sentido estrito, encontra-se, como já foi dito, no Estatuto da Criança e do Adolescente — ECA e na Lei de Diretrizes e Bases da Educação Nacional — LDB.

Do ECA cabe citar o art. 68, a saber:

> "O programa social que tenha por base o trabalho educativo, sob responsabilidade de entidade governamental ou não governamental sem fins lucrativos, deverá assegurar ao adolescente que dele participe condições de capacitação para o exercício de atividade regular remunerada.
>
> § 1º. Entende-se por trabalho educativo a atividade laboral em que as exigências pedagógicas relativas ao desenvolvimento prevalecem sobre o aspecto produtivo.
>
> § 2º. A remuneração que o adolescente recebe pelo trabalho efetuado ou a participação na venda dos produtos de seu trabalho não desfigura o caráter educativo."

E da LDB destacam-se os seguintes dispositivos:

> "Art. 1º – A educação abrange processos formativos que se desenvolvem na vida familiar, na convivência humana, no trabalho, nas instituições de ensino e pesquisa, nos movimentos sociais e organizações da sociedade civil e nas manifestações culturais.

Art. 2º – A educação, dever da família e do Estado, inspirada nos princípios de liberdade e nos ideais de solidariedade humana, tem por finalidade o pleno desenvolvimento do educando, seu preparo para o exercício da cidadania e sua qualificação para o trabalho.

Art. 3º – O ensino será ministrado com base nos seguintes princípios:

I – *omissis*...

II – liberdade de aprender, ... *omissis*... *omissis*.

Art. 22 – A educação básica tem por finalidade desenvolver o educando, assegurar-lhe a formação comum indispensável para o exercício da cidadania e fornecer-lhes meios para progredir no trabalho e em estudos posteriores.

Art. 39 – A educação profissional, integrada às diferentes formas de educação, ao trabalho, à ciência e à tecnologia, conduz ao permanente desenvolvimento de aptidões para a vida produtiva.

Art. 40 – A educação profissional será desenvolvida em articulação com o ensino regular ou por diferentes estratégias de educação continuada, em instituições especializadas ou no ambiente de trabalho."

Os arts. 39 e 40 *supra* transcritos foram objeto de regulamentação pelo Decreto n. 2.208/97, sendo oportuno destacar os seguintes dispositivos:

"Art. 1º - A educação profissional tem por objetivos:

I – promover a transição entre a escola e o mundo do trabalho, capacitando jovens e adultos com conhecimentos e habilidades gerais e específicas para o exercício de atividades produtivas;

II – proporcionar a formação de profissionais, aptos a exercerem atividades específicas no trabalho, com escolaridade correspondente aos níveis médio, superior e de pós-graduação;

III – especializar, aperfeiçoar e atualizar o trabalho em seus conhecimentos tecnológicos;

IV – qualificar, reprofissionalizar e atualizar jovens e adultos trabalhadores, com qualquer nível de escolaridade, visando a sua inserção e melhor desempenho no exercício do trabalho.

Art. 2º – A educação profissional será desenvolvida em articulação com o ensino regular ou em modalidades que contemplem estratégias de educação continuada, podendo ser realizada em escolas do ensino regular, em instituições especializadas ou nos ambientes de trabalho.

Art. 3º – A educação profissional compreende os seguintes níveis:

I – básico: destinado à qualificação e reprofissionalização de trabalhadores, independente de escolaridade prévia;

omissis...

Art. 4º – A educação profissional de nível básico é modalidade de educação não-formal e duração variável, destinada a proporcionar ao cidadão trabalhador conhecimentos que lhe permitam reprofissionalizar-se, qualificar-se e atualizar-se para o exercício de funções demandadas pelo mundo do trabalho, compatíveis com a complexidade tecnológica do trabalho, o seu grau de conhecimento técnico e o nível de escolaridade do aluno, não estando sujeita à regulamentação curricular."

As entidades de atendimento, espalhadas pelo país, vêm observando fielmente o procedimento estabelecido pelos citados dispositivos. Os programas que mantêm dão ênfase ao desenvolvimento pessoal e social dos adolescentes.

Nem sempre há uniformidade nos programas. Até chegam a divergir nos aspectos acidentais, mas, no essencial, isto é, no que diz respeito à prevalência do desenvolvimento pessoal e social do adolescente sobre o aspecto produtivo, o procedimento é unânime na observância da letra e do espírito da lei.

O legislador, sensível ao problema da educação e da ocupação dos menores, notadamente os pertencentes a famílias pobres, ampliou, sabiamente, como se vê, as alternativas para a prática da educação profissional ao admitir "*modalidades que contemplem estratégias de educação continuada*", que podem ser realizadas, igualmente, **nos ambientes de trabalho** (Lei de Diretrizes e Bases, art. 40 e Dec. n. 2.208/97, art. 2º).

Na esteira das idéias que foram, paulatinamente, ganhando corpo no seio do Poder Legislativo, com vistas à educação profissional, surgiu, em nosso sistema jurídico, o citado art. 68 do ECA, que instituiu uma forma simples, inteligente, de baixo ou de nenhum custo para o Poder Público no trato do problema ligado à educação, à ocupação e à formação dos adolescentes. E, como para clareá-lo, a Lei de Diretrizes e Bases da Educação trouxe normas importantes ao tratar da Educação Profissional, das quais o artigo 40 é exemplo muito importante.

O processo educativo, praticado pelas entidades de atendimento, leva o educando a ir se acostumando ao mundo do trabalho, de maneira a formá-lo como titular da cidadania e da dignidade a que faz jus todo ser humano. Não aprende para trabalhar e sim trabalha para aprender e ser o homem — ou a mulher — do futuro, partícipe de um Novo Mundo do Trabalho e sujeito de um Novo Direito.

Isso vem a propósito do trabalhador mencionado por *Peter Drucker*, o trabalhador da era pós-capitalista, o trabalhador da era do conhecimento e da informação, que há de ser versátil e não limitado a determinados ofícios e profissões. Também sob esse aspecto os dispositivos aqui citados, especialmente o art. 68 do ECA, traçam uma via extremamente importante para o futuro de nossos adolescentes.

É oportuno citar aqui a lição do eminente educador Dr. *Antonio Carlos Gomes da Costa*, extraída da obra "Estatuto da Criança e do Adolescente Comentado", Malheiros Editores, SP, 3. ed., 2. tir., p. 223-224, a saber:

> "O art. 68 introduz uma verdadeira revolução sociopedagógica no que diz respeito à articulação educação-trabalho-renda no contexto de uma realidade sociocultural como a do Brasil, na presente fase de nossa evolução histórica.
>
> Todos sabemos que a educação para o trabalho, tanto aquela praticada ao nível da educação sistêmica de 2º grau quanto aquela implementada pelos serviços nacionais de aprendizagem industrial e comercial (SENAI e SENAC), não se adapta, em termos de acesso, permanência e sucessão à realidade das crianças e adolescentes de mais baixa renda.
>
> Ninguém ignora que este segmento da população infanto-juvenil brasileira historicamente vem sendo atendido por obras sociais, governamentais e não governamentais... *(omissis)*...
>
> De comum entre todas essas iniciativas está o fato de que, independente do seu enfoque, elas procuram articular os fatores educação, trabalho e renda, colocando-se, assim, como um caminho de viabilização pessoal e social de crianças e adolescentes que, em outras circunstâncias, estariam condenados a fazer das ruas seu espaço de luta pela vida e até mesmo de moradia.

A articulação educação-trabalho-renda, no interior de um mesmo programa social, implica a superação da perspectiva da educação para o trabalho (o educando aprende para trabalhar) e sua substituição pela noção da educação pelo trabalho (o educando trabalha para aprender). À medida que tiramos as devidas conseqüências dessa mudança, vamos nos inteirando do seu caráter profundamente transformador e das múltiplas possibilidades de transformações concretas que ela comporta.

Assim, ao lado das categorias tradicionais do *menor-aprendiz* e do *menor-trabalhador*, o conceito de trabalho educativo insere uma terceira figura, que é a do *trabalhador-educando*, isto é, aquele que participa de um programa de trabalho educativo".

Essa esplêndida lição, de um de nossos mais conceituados e respeitados educadores, traça, com grande clareza, o quadro sobre o qual os operadores do Direito devem se debruçar para dele tirarem as ilações indispensáveis à formação de um juízo abrangente sobre o trabalho do adolescente.

Capítulo VIII

O TRABALHO EDUCATIVO E AS NORMAS CONSTITUCIONAIS

A análise de algumas normas constitucionais, que têm sido citadas por estudiosos dos direitos dos adolescentes, é bastante oportuna neste ponto, quais sejam.

O art 7º, inciso XXXIII da Constituição Federal

Nossa Carta Magna menciona alguns dispositivos que se referem ao trabalho do **adolescente-empregado** e do **adolescente-aprendiz**.

Veja-se, desde logo, o art. 7º da Carta Magna, cujo inciso XXXIII estabelece a proibição *"de qualquer trabalho a menores de dezesseis anos, salvo na condição de aprendiz, a partir dos quatorze anos"*. A análise detida de tal dispositivo leva à conclusão de que ele não proíbe **qualquer** trabalho aos menores de dezesseis anos, que não sejam aprendizes. De fato, observa-se que o art. 7º, do qual o citado inciso XXXIII faz parte, menciona no *caput*: "São direitos dos **trabalhadores urbanos e rurais**, além de outros que visem à melhoria de sua condição social:" (*segue-se o rol dos direitos, dentre os quais os do referido inciso*).

Ora, o guardinha, o patrulheiro, o mirim, o legionário e outros menores que desempenham o **trabalho educativo** são **educandos** e não **trabalhadores urbanos ou rurais**. E são **educandos** porque estão sob um regime de educação, expressamente previsto em lei, e, também, porque assim são designados no art. 68 do ECA, que tem, como já foi visto, íntima relação com a Lei de Diretrizes e Bases da Educação Nacional e com o Decreto n. 2.208/97, de cunho eminentemente educacional.

O art. 227, § 3º, incisos I, II e III da Constituição Federal

Trata-se de outro dispositivo da Constituição que merece a atenção dos operadores do Direito. É nítido o caráter trabalhista de que se revestem os três incisos mencionados. O inciso I chega até a mencionar o art. 7º, XXXIII, aqui já abordado. É evidente que não se aplicam ao caso do **educando** e sim aos **empregados** e **aprendizes** regidos pela CLT, estes últimos sujeitos à aprendizagem formal e metódica, diferente, portanto, da capacitação informal e difusa para o trabalho a que estão submetidos os adolescentes incluídos no programa socioeducativo baseado no artigo 68 do ECA, elaborado e acompanhado pelas entidades de atendimento.

O inciso II, de modo especial, tem ensejado interpretações equivocadas. O que na verdade assegura é a garantia de direitos previdenciários e trabalhistas aos **aprendizes**, que são parte numa relação trabalhista, não aos **educandos**, que são parte numa relação de caráter educacional. Não é outra a conclusão a que se chega diante do que dispõe o art. 65 do ECA, a saber: "Ao adolescente **aprendiz**, maior de quatorze anos, são assegurados os direitos trabalhistas e previdenciários." (grifos acrescentados). Portanto, a lei faz referência ao **aprendiz** e não ao **educando**. Inexiste norma em nosso ordenamento jurídico que assegure direitos trabalhistas e previdenciários ao **educando**.

Quanto ao inciso III, basta registrar que a matrícula e freqüência à escola é condição indispensável para que o adolescente seja admitido ao programa socioeducativo das entidades de atendimento.

Capítulo IX

O TRABALHO EDUCATIVO E A LEGISLAÇÃO TRABALHISTA

Da mesma forma como ocorre com as disposições constitucionais aqui abordadas, também a legislação infraconstitucional de caráter trabalhista não se aplica aos **educandos**.

A CLT, no art. 2º, *"considera empregador a empresa individual ou coletiva, que, assumindo os riscos da atividade econômica, admite, assalaria e dirige a prestação pessoal de serviços."* É bem de ver que a entidade de atendimento dos **educandos** não pode ser qualificada como empresa que assume os riscos da atividade econômica, nem que admite, assalaria e dirige a prestação pessoal de serviços. Ela não é a destinatária do trabalho prestado. Na verdade é um órgão da estrutura educacional do país. É uma escola cuja estrutura e atuação estão previstas em lei.

Igualmente não se pode considerar empregador quem acolhe o adolescente para o trabalho educativo, dado que se trata de atividade que complementa a da entidade de atendimento. A par disso, cabe ressaltar que os **educandos** não podem ser confundidos com empregados, pois, como tal, a CLT, no art. 3º, somente considera a *"pessoa física que prestar serviços de natureza não eventual a empregador, sob a dependência deste e mediante salário."*

Não há, no caso, os serviços de **natureza não eventual**. Com efeito, preenchidos os requisitos do art. 68, o serviço é de **natureza educativa**. Também não há a **dependência**, ou **subordinação**, visto que o trabalho é acompanhado e orientado pela equipe técnica da entidade de atendimento. Por último, não há o elemento **salário**, em face do que o § 2º do art. 68 do ECA dispõe textualmente: "A remuneração que o adolescente recebe pelo trabalho efetuado ou a participação na venda dos produtos de seu trabalho **não desfigura o caráter educativo**." (grifos acrescentados). Ao que se vê, a lei quis, com tal disposição, afastar o caráter salarial da renda do **educando**. É evidente que, se não há, no caso do trabalho educativo, o elemento **salário**, bem como os demais elementos antes citados, o vínculo empregatício não se configura, nem com a entidade de atendimento, nem com a entidade cooperadora.

Assim, desfaz-se o entendimento de alguns ilustres autores, inclusive os que sustentam que não se considera educativo o trabalho realizado pelo adolescente nas entidades conveniadas. A lei não faz a distinção. Não pode o intérprete fazê-la.

Acrescenta-se a isso que o art. 68 do ECA, § 2º, ao se referir (1) à remuneração pelo trabalho efetuado e (2) à participação na venda dos produtos de seu trabalho, está se referindo, no primeiro caso, ao trabalho nas entidades conveniadas e, no segundo, ao trabalho nas oficinas da própria entidade de atendimento.

O parágrafo citado espanca, também, a teoria do chamado contrato-realidade, que se aplica contra a vontade das partes, mas não se aplica contra a disposição expressa da lei.

Pode-se concluir, portanto, com absoluta segurança, que o adolescente que desenvolve o **trabalho educativo** não é

empregado, daí ser descabido seu registro para fins previdenciários e trabalhistas, como defendem alguns respeitáveis e brilhantes estudiosos do assunto.

Vem a calhar a abalizada opinião do Eminente Desembargador Doutor *Siro Darlan*, ex-titular da 1ª Vara da Infância e da Juventude do Rio de Janeiro, emitida em notável artigo publicado em setembro de 1998, no Boletim Mérito, da Associação dos Magistrados Brasileiros, nos seguintes termos: *"Ao definir o legislador o trabalho educativo como atividade pedagógica visando ao desenvolvimento pessoal e social do educando, ainda que remunerado, retirou a matéria do âmbito específico da legislação puramente trabalhista, inserindo-a na competência da Justiça da Infância e da Juventude."*

De outra parte, não se aplica, também, ao caso dos **educandos** a legislação relacionada ao menor **aprendiz**, com as alterações introduzidas pela Lei n. 10.097, de dezembro de 2000, pelo simples fato de o **educando**, repita-se uma vez mais, não estar sujeito à aprendizagem formal, regida pelos arts. 428 e seguintes da CLT. A citada lei atribui às entidades de atendimento a tarefa de suprir a deficiência do sistema "S" (Senai, Senac, Senar, Senat e outros) na oferta de vagas para a **aprendizagem metódica**. Isso significa que as entidades de atendimento, que mantêm programa socioeducativo, podem, também, ministrar a aprendizagem metódica prevista na CLT. Ressalte-se, porém, que a **aprendizagem metódica** não se confunde com **trabalho educativo**. Aquela é objeto do artigo 428 da CLT, este, do art. 68 do ECA.

Caminhando mais um pouco — aqui ainda no terreno infraconstitucional — são oportunas algumas observações sobre a *mens legis* que, diante do que o Decreto n. 2.208/97, art. 2º, estabelece enfaticamente: *"A educação profissional* *será desenvolvida em articulação com o ensino regular ou em modalidades que contemplem estratégias de educação continuada, podendo ser realizada em **escolas do ensino regular**, em **instituições especializadas** ou **nos ambientes de trabalho**."* (grifos acrescentados).

As entidades de atendimento não têm por objetivo principal a **profissionalização** dos adolescentes, e sim sua **educação**. Desenvolvida esta, seguindo-se o modelo praticado pelas entidades de atendimento, aquela virá por acréscimo.

Por isso, pouco importa que o trabalho desempenhado pelo menor seja simples, desqualificado ou inepto para a **profissionalização** formal. O importante é que seja útil como componente de um programa de educação, numa estratégia de capacitação informal e difusa para o trabalho remunerado, um programa que possibilite que o **educando** vá, paulatinamente, se acostumando à disciplina, ao mundo do trabalho e ao relacionamento ético e civilizado com as pessoas com as quais passa a conviver no exercício do **trabalho educativo**.

Cabe acrescentar neste ponto duas manifestações do Conselho Estadual de Educação de São Paulo, nas quais se encontram opiniões de grande valor para uma reflexão a respeito do tema.

Da primeira, Deliberação n. 14/97, destaca-se o seguinte tópico:

> "Relatório (...)
>
> 3. A educação profissional básica, segundo o art. 4º do (...) Decreto (n. 2.208/97), não está sujeita à regulamentação curricular, podendo ser oferecida de forma livre em função das necessidades do mundo do trabalho e da sociedade, podendo ainda ser organizada em

módulos. (...) Em qualquer caso, poderá propiciar certificação de competências ou de qualificação profissional.

E da segunda, Parecer n. 92/2000, destaca-se:

"Histórico. Cuidam os autos de proposta apresentada pela Federação Brasileira de Patrulheirismo — FBP de curso de qualificação profissional básica. (...)

Apreciação. O Projeto Patrulheirismo — Qualificação Profissional de Nível Básico, tal como descrito no presente processo, proporcionará aos adolescentes que o freqüentam o reforço e o aprofundamento dos estudos desenvolvidos no processo de escolarização formal, com vistas ao preparo para o exercício de ocupações de menor complexidade no mercado de trabalho, assim ensejando uma qualificação profissional básica.

Nesse sentido, o projeto desenvolvido pela Federação Brasileira de Patrulheirismo, ora reapresentado a este Colegiado, constitui, conforme já explicitado no Parecer CEE n. 459/99, programa de educação não formal, não sujeita a regulamentações curriculares, podendo ser oferecido de forma livre em função das necessidades do mundo do trabalho.

Isto posto, cabe a este Conselho apenas tomar conhecimento do projeto desenvolvido pela FBP, o qual, pelas suas características, prescinde de aprovação."

Por derradeiro, cabe acrescentar aqui a opinião do Ministério Público do Trabalho, emitida via *internet*, <http://spider.pgt.mpt.gov.br:8080/pgtgc/publicacao/engine.wsp?tmp.area=295>, de cujo texto se extrai o seguinte tópico:

"O trabalho educativo está disposto no Estatuto da Criança e do Adolescente, art. 68, como forma de atividade de caráter pedagógico, para propiciar o desenvolvimento de habilidades e dons. É uma atividade de formação do adolescente, na acepção ampla da educação, como descrita na Lei de Diretrizes e Bases da Educação.

Discute-se sobre a necessidade ou não de regulamentação do dispositivo legal para que ele possa ter ampla aplicação. Ainda que uma regulamentação adequada seja desejável, pode-se retirar das disposições que o integram os elementos que caracterizam o trabalho educativo, distinguindo-o de forma clara do trabalho com vínculo de emprego, da aprendizagem, como descrita na CLT, e do estágio.

O trabalho educativo está definido na lei como um programa social sob responsabilidade de entidade governamental ou não-governamental que não tenha fins lucrativos. O objetivo é assegurar ao adolescente condições de capacitação para o exercício de atividade regular remunerada (art. 68, *caput*). Está descrito como a atividade laboral em que as exigências pedagógicas relativas ao desenvolvimento pessoal e social do educando prevalecem sobre o aspecto produtivo (art. 68, parágrafo 1º).

A sua caracterização como atividade laboral não permite entender que se trate de trabalho na acepção corrente do termo, uma vez que a ela se somam duas características básicas: a) o caráter pedagógico da atividade deverá sempre prevalecer sobre o aspecto produtivo, ainda que haja algum produto resultante dessa atividade e que este venha a ser comercializado; b) o caráter pedagógico deve estar diretamente relacionado com o desenvolvimento pessoal e social do adolescente, não devendo ser esquecido nesse contexto a referência ao adolescente como educando.

O trabalho educativo difere essencialmente do estágio, que volta-se a dar efetiva experiência ao estudante do conhecimento teórico obtido, preparando-o para inserção no mercado de trabalho. Difere também da aprendizagem descrita na Lei 10.097/2000, por não conter os elementos que a caracterizam. A atividade desenvolvida como trabalho educativo tem por objetivo proporcionar ao adolescente a aquisição de uma habilidade ou o desenvolvimento de um dom, para que tenha condições futuras de, querendo, dele se utilizar como profissão, ocupação, trabalho."

De tudo quanto aqui exposto, resulta clara a **natureza educacional** do trabalho desempenhado pelo adolescente incluído no programa social das entidades de atendimento focalizadas neste estudo.

Capítulo X

FISCALIZAÇÃO DO TRABALHO EDUCATIVO

Dizer se o trabalho do adolescente, incluído em programa socioeducativo da entidade de atendimento, é regular ou irregular é atribuição dos agentes expressamente mencionados no ECA. Quer isso dizer que, além desses, nenhum outro agente, órgão ou entidade tem competência ou legitimidade para tanto.

Está delineada pelo que aqui já foi exposto, a área de fiscalização do trabalho educativo. O que se fiscaliza, no caso, é se a entidade de atendimento está registrada no Conselho Municipal, se encaminhou seu programa nos termos da lei, se cumpre regularmente esse programa e observa as demais disposições do Estatuto da Criança e do Adolescente. Isso não é missão do Ministério Público do Trabalho, nem da fiscalização trabalhista ou previdenciária, que tem por escopo, sempre, perquirir da existência de **trabalho não eventual**, **subordinação** e **salário** (art. 3º da CLT).

Não há, portanto, no caso do trabalho educativo, espaço para a fiscalização do Ministério Público do Trabalho, do Ministério do Trabalho e Emprego e do Ministério da Previdência Social, cujos agentes não estão autorizados a atuar nessa área, mas tão somente na do trabalho com vínculo de emprego ou de aprendizagem, nos termos do art. 626 da CLT e da Carta Magna, art. 21 – XXIV.

Existe em nosso ordenamento jurídico indicação expressa de competência para avaliação do trabalho educativo. Veja-se o que o Estatuto da Criança e do Adolescente dispõe:

> "Art. 90 – As entidades de atendimento são responsáveis pela manutenção das próprias unidades, assim como pelo planejamento e execução de programas de proteção e sócio-educativos destinados a crianças e adolescentes, em regime de:
>
> I – ...
>
> II – apoio sócio-educativo em meio aberto;
>
> III – ...
>
> (omissis)
>
> Art. 95 – As entidades governamentais e não governamentais, referidas no artigo 90, serão fiscalizadas pelo Judiciário, pelo Ministério Público e pelos Conselhos Tutelares.
>
> Art. 146 – A autoridade a que se refere esta Lei é o Juiz da Infância e da Juventude, ou o Juiz que exerce essa função, na forma da Lei de Organização Judiciária local."

Os agentes da fiscalização trabalhista e previdenciária são obrigados a orientar, autuar e até multar tomadores de serviços de adolescentes. Não assim quando os adolescentes estiverem executando o trabalho previsto no art. 68 do ECA, comprovado por documento que demonstre a existência de um convênio entre as entidades colaboradora e de atendimento. Se o trabalho executado pelos adolescentes está ou não de conformidade com o convênio e de acordo com o programa socioeducativo da entidade de atendimento, quem deve agir é, repita-se, o agente de um dos órgãos mencionados no art. 95 do ECA.

É indispensável que se estabeleça com maior clareza, pela via legislativa, um limite para a atuação dos agentes dos órgãos trabalhistas e previdenciários na área do trabalho dos adolescentes, de modo a espancar os freqüentes conflitos que têm sido registrados nos últimos anos.

Capítulo XI

VARIAÇÕES SOBRE O TRABALHO EDUCATIVO

Local da Execução do Trabalho

O tema, pela importância, deve aqui ser repetido.

Alguns eminentes estudiosos sustentam que não é **educativo** o trabalho desenvolvido em escritórios e estabelecimentos de pessoas físicas ou jurídicas, designadas como entidades colaboradoras ou conveniadas.

Contra-argumentam os opositores, afirmando que a lei não distingüe o trabalho realizado dentro da entidade de atendimento daquele desenvolvido fora. O art. 68 do ECA somente estabelece uma exigência para que o trabalho seja considerado **educativo**: que a atividade laboral seja desenvolvida de forma que as exigências pedagógicas relativas ao desenvolvimento pessoal e social do **educando** prevaleçam sobre o aspecto produtivo (§ 1º).

Não se pode passar ao largo do parágrafo segundo, que, ao mencionar remuneração pelo **trabalho efetuado** ou a **participação na venda do produto de seu trabalho**, está se referindo, como já foi dito anteriormente, ao trabalho **fora** e ao trabalho **dentro** das oficinas da entidade de atendimento.

Como quer que seja, a querela não subsiste, seguramente, diante do art. 40, da Lei de Diretrizes e Bases da

Educação Nacional, já aqui mencionado e assim redigido: *"A educação profissional será desenvolvida em articulação com o ensino regular ou por diferentes estratégias de educação continuada, em instituições especializadas ou no **ambiente de trabalho**."* (grifos acrescentados).

Soma-se aqui o disposto no Decreto n. 2.208/97, que regulamenta o art. 40 supratranscrito: *"A educação profissional será desenvolvida em articulação com o ensino regular ou em modalidades que contemplam estratégias de educação continuada, podendo ser realizada em escolas do ensino regular, em instituições especializadas ou nos **ambientes de trabalho**."* (grifos acrescentados).

Continuação de idêntico labor, na mesma empresa, após o adolescente completar o período do trabalho educativo

O fato de o adolescente, após concluir o período de **trabalho educativo**, ao completar dezoito anos de idade e ser desligado do programa, permanecer na mesma empresa, executando idêntico labor, já então sob o regime trabalhista, tem levado alguns operadores do Direito ao entendimento de que o período de trabalho anterior ao registro deve também ser considerado sujeito à legislação trabalhista. Outros entendem que isso é inviável, se a atividade laboral anterior foi desenvolvida de modo que as exigências pedagógicas relativas ao desenvolvimento pessoal e social do **educando** prevaleceram sobre o aspecto produtivo, isto é, se a entidade de atendimento acompanhou o(a) adolescente na escola e no trabalho, por meio de uma equipe técnica, ajudando-o(a) a capacitar-se para uma atividade regular remunerada e possibilitando-lhe a admissão como empregado(a).

O trabalho educativo baseado no art. 68 do ECA não proporciona a aprendizagem metódica

Há três modalidades de trabalho do adolescente que têm suscitado muita discussão nos dias de hoje: a do art. 428 da CLT, a do art. 68 do ECA e a da Lei n. 6.494/77. A modalidade da CLT, art. 428, consagra a **aprendizagem metódica**, sujeita a regulamentação curricular. A do art. 68 do ECA deve assegurar ao educando condições de **capacitação** para o exercício de atividade regular remunerada, não estando sujeita à regulamentação curricular. E a da Lei n. 6.494/99 deve propiciar ao estagiário a **complementação do ensino**, devendo ser um instrumento de integração, em termos de treinamento prático, de aperfeiçoamento técnico-cultural, científico e de relacionamento humano.

Exigir-se que no programa de **capacitação** para o exercício de atividade regular remunerada se incluam normas do programa de **aprendizagem metódica** é, no mínimo, erro grosseiro. Se o programa de capacitação é elaborado e executado segundo a legislação própria — arts. 68 do ECA e 39/40 da LDB — não se pode exigir o cumprimento de regras de aprendizagem da CLT.

As entidades de atendimento que adotam o modelo do art. 68 do ECA não acarretam prejuízos à sociedade

Há quem afirme que as entidades de atendimento que adotam o modelo do art. 68 do ECA acarretam prejuízo à sociedade, porque prejudicam a formação dos adolescentes.

A afirmação é contestada pelos que pensam exatamente o contrário e, para fundamentar sua opinião, acenam com a realidade que está diante de todos, da qual retiram exemplos concretos de pessoas bem sucedidas na vida, que deram seus primeiros passos como profissionais assistidos pelas Guardas Mirins, Associações dos Amigos dos Patrulheiros, Associações de Educação do Homem de Amanhã, Legiões Mirins e outras entidades do tipo. Há até quem aponte, entre médicos, engenheiros, advogados, dentistas, economistas e executivos vitoriosos, o exemplo de, no mínimo, dois ex-guardinhas que integram, como Juízes, o Tribunal Regional do Trabalho de Campinas (SP).

Sustentam, a par disso, que a modalidade de **trabalho educativo**, previsto no ECA e praticada pelas entidades de atendimento, visa à formação integral do adolescente, como homens e mulheres do futuro, não somente quanto à condição de candidatos ao mercado de trabalho. No momento mais crítico de sua formação, ele é acompanhado, na escola e no trabalho, por uma equipe de profissionais qualificados. Enquanto a modalidade de aprendizagem da CLT só forma o adolescente num ofício e não lhe dá o acompanhamento que as Guardas Mirins e congêneres dão, o educando que executa o trabalho do art. 68 do ECA tem inúmeras opções de atividades para se formar e ser incluído no mundo do trabalho. Na verdade, como se vê, a sociedade ganha com tal prática, sendo equivocada a opinião em sentido contrário.

As entidades de atendimento, guardas mirins e assemelhadas não promovem contrato de trabalho de adolescentes com patrões ávidos para terem mão-de-obra barata

As entidades de atendimento, cujos programas socio-educativos são baseados no art. 68 do ECA, não estabelecem nenhum tipo de relação jurídica de trabalho com "patrões ávidos para terem mão-de-obra barata, sem ônus trabalhistas e previdenciários", como alguns críticos afirmam. Seu relacionamento, na verdade, se dá com pessoas físicas e jurídicas que acolhem adolescentes para o trabalho educativo, como um dever social, pagando-lhes, a título de auxílio educação, uma bolsa mensal de valor bastante razoável. Comprometem-se também a lhes pagar uma gratificação natalina, concedendo-lhes, ainda, descanso semanal e anual remunerados, observando uma jornada de trabalho de, no máximo, sete horas, um total de trinta ou trinta e cinco horas por semana. As vantagens podem incluir transporte, refeições, às vezes fornecidos pela própria entidade de atendimento. Os adolescentes, além disso, são beneficiários do lazer e de assistência psicológica, que, em muitos casos, se estende a familiares, para solução de conflitos domésticos que possam afetar o saudável desenvolvimento e formação dos educandos. Recebem eles todo apoio e assistência da entidade de atendimento, para se formarem e se prepararem para o futuro. Isso tudo é custeado pela entidade de atendimento, que recebe, para tanto, uma contribuição das entidades conveniadas, nada sendo descontado da bolsa que o educando recebe.

A crítica de alguns, quase sempre com conteúdo ideológico e construída com base em conceitos já ultrapassados, mira o "patrão ávido". Não há, para esses, preocupação com a educação do adolescente, de valor desprezível. Pouco lhes importa o acolhimento ao adolescente, sua educação para a vida, a colaboração para sua formação como homem e mulher do futuro, a que se soma o fato de, muitas vezes, resultar na contratação sob o regime da CLT, após cumprido o programa de trabalho educativo. Esse fato, que deve ser por todos festejado, é verificado, habitualmente, no caso de 75 a 80% dos **educandos** inscritos nos programas das entidades de atendimento.

Há exemplos, no mundo, de países que atingiram alto nível de desenvolvimento com investimento forte na educação. Pouco se constata, no entanto, haver algum que tenha se desenvolvido com "programas de aprendizagem profissional". Sobrepor esse tipo de treinamento (aprendizagem) à educação não deixa de ser uma grande insensatez.

Capítulo XII

SUPLEMENTAÇÃO DO ECA POR LEI MUNICIPAL

Antes do advento do Estatuto da Criança e do Adolescente — ECA, Lei n. 8.069/90, as entidades incumbidas de cuidar dos adolescentes tinham o objetivo de "reformar" o menor, usando métodos que revelavam despreocupação com sua educação e profissionalização. O Estatuto veio alterar esses métodos, adotando o modelo da proteção integral da criança e do adolescente (art. 1º), e implantando uma nova política de **atendimento de seus direitos**.

Fiel ao sistema da descentralização político-administrativa adotado pela Constituição da República, o Estatuto dispõe, textualmente:

> "Art. 88 – São diretrizes da política de atendimento:
> I – municipalização do atendimento;
> II – ... (*omissis*) ...
> III – criação e manutenção de programas específicos, observada a descentralização político-administrativa;
> IV – ... (*omissis*) ..."

Verifica-se, assim, que a lei atribui ao Município o encargo de dar o atendimento e de o fazer com a criação e manutenção de programas específicos, observada a descentralização político-administrativa. Quais são esses programas?

São os **programas de proteção** e os **programas socioeducativos** mencionados no art. 90.

É evidente que, se a lei estabelece a municipalização do atendimento e dá aos Municípios a atribuição de criar programas específicos com observância do sistema de descentralização político-administrativa, é indispensável que lhes dê competência para baixar normas que tornem efetiva a municipalização do atendimento e viabilizem a criação dos programas específicos. Seria inconcebível que se dessem atribuições novas ao Município, e não se lhe desse competência para produzir uma legislação que lhe possibilitasse desincumbir-se plenamente dessas atribuições.

Vem a propósito citar o que, a esse respeito, a Constituição Federal dispõe, a saber:

> "Art. 30 – Compete aos Municípos:
>
> I – legislar sobre assuntos de interesse local;
>
> II – suplementar a legislação federal e estadual no que couber;
>
> ... (*omissis*) ...
>
> V – organizar e prestar, diretamente ou sob regime de concessão ou permissão, os serviços públicos de interesse local, incluído o de transporte coletivo, que tem caráter essencial;
>
> ... (*omissis*) ..."

É oportuno transcrever aqui o seguinte tópico da obra "A a Z do Conselho Tutelar", da lavra do Dr. *Edson Sêda*, autoridade no assunto:

> "... cumprindo a norma geral federal que é o Estatuto, a lei municipal suplementa a legislação federal, organizando um serviço público local que tem caráter essencial no campo da proteção à infância e à juventude.

Observar que o Estatuto é apenas um conjunto de normas gerais, que devem ser complementadas localmente, segundo as atribuições agora descentralizadas, próprias dos municípios, por decretos, ordens de serviço, regulamentos ou resoluções, tudo segundo as regras do Direito Administrativo atualizado pelos princípios da Constituição de 1988."

Na elaboração da legislação suplementar, para a qual, como visto, os Municípios são constitucionalmente competentes, entram, entre outras, as leis que criam o Conselho Municipal dos Direitos da Criança e do Adolescente, o Conselho ou os Conselhos Tutelares, os programas de proteção e os programas socioeducativos, dentre estes o que se baseia no trabalho educativo previsto no art. 68 do Estatuto da Criança e do Adolescente.

Embora esse artigo seja auto-aplicável, não há dúvida de que uma lei municipal, criando um programa específico, será útil não somente para a boa e adequada organização do programa, de acordo com o interesse comunitário, como, também, para se espancar o conflito que, de uns anos para cá, se estabeleceu entre os Conselhos, as entidades de atendimento, órgãos do Ministério Público, o Ministério do Trabalho e o Ministério da Previdência.

Ao adolescente é assegurado o direito de optar pela modalidade de trabalho que o capacite para uma atividade regular remunerada

Como já foi aqui amplamente demonstrado, há várias modalidades de trabalho para que os adolescentes se preparem, objetivando uma futura colocação no mercado de trabalho, dentre as quais podem-se destacar as seguintes:

a – aprendizagem metódica (CLT, art. 428);

b – trabalho educativo (ECA, art. 68);

c – estágio (Lei n. 6.494/77).

Não se deve nem se pode impor ao adolescente qualquer modalidade de trabalho. Ele é livre para optar, por força do que a Constituição da República dispõe no art. 206, inciso II, em que se refere à **liberdade de aprender**. Tal dispositivo é objeto, também, do art. 3º, inciso II, da LDB.

Capítulo XIII

JURISPRUDÊNCIA — SENTENÇAS DO PRIMEIRO GRAU

A jurisprudência mais recente de nossos Tribunais e órgãos jurisdicionais de primeiro grau contém alguns julgados dos quais citamos aqui exemplos que merecem lembrança. Assim, do processo n. 1.364/2003, da 6ª Vara do Trabalho de Campinas, extrai-se o seguinte tópico da Sentença, proferida pelo Juiz Dr. *Décio Umberto Matoso Rodovalho*:

> "O trabalho lícito do menor pode se dar na forma do Estatuto da Criança e do Adolescente (Lei n. 8.069/90) e também sob a forma de aprendizagem, como pontuado inicialmente. São formas distintas de prestação laboral, reguladas pela legislação, mas não se pode confundir o menor educando com o menor aprendiz.
>
> A tese inicial (§ 22 de fl. 06) parece ter cuidado tão somente da aprendizagem regulada pela CLT (art. 60 e seguintes) e pelo Decreto n. 31.546/52. Não considerou a figura do menor educando, de que trata o ECA – Lei n. 8.069/90.
>
> Por certo, que não se pode descartar a possibilidade de fraude. Mas fraude não se presume, deve ser robustamente demonstrada em Juízo, o que não ocorreu no caso em exame, deixando a autora de cumprir o ônus processual que lhe competia (CLT art. 818 e CPC art. 333, I).
>
> Noutro bordo, a documentação trazida pelas Reclamadas apontam para o trabalho da Reclamante na

condição de menor educando, tendo, inclusive, a autora confessado a participação em diversos cursos oferecidos pela 2ª Reclamada, todos no sentido de lhe possibilitar maior inclusão social, pelo que entendo estar cumprido o objetivo da lei.

Reconhecendo a prestação de serviços na forma de menor educando, julgo improcedente o pleito envolvendo o reconhecimento do vínculo de emprego e, por conseqüência lógica as demais postulações atinentes aos direitos dos empregados, o que, frise-se, não foi a Reclamante."

Da Sentença prolatada pela Juíza Dra. *Daniela Macia Ferraz* na reclamatória n. 705/04, da 1ª Vara do Trabalho de Campinas, destaca-se:

"Razão assiste à primeira Reclamada, no particular, em se tratando de trabalho educativo, firmado na forma prevista no art. 68 do Estatuto da Criança e do Adolescente. Ora, o trabalho educativo tem por finalidade a educação e profissionalização do menor mediante programas sociais realizados sob responsabilidade de entidade governamental ou não-governamental sem fins lucrativos.

O parágrafo 1º do art. 68 do Estatuto da Criança e do Adolescente conceitua: 'Entende-se por trabalho educativo a atividade laboral em que as exigências pedagógicas relativas ao desenvolvimento pessoal e social do educando prevalecem sobre o aspecto produtivo' (*in verbis*).

O trabalho educativo tem como característica básica a prevalência do desenvolvimento pessoal e social do educando (menor) sobre o aspecto produtivo. Daí, a conclusão é uma só: o trabalho educativo é absolutamente incompatível com o contrato de emprego celetista, porquanto neste último existe prevalência do aspecto produtivo.

Ademais, ao aplicar a lei, o magistrado deve levar em conta os fins a que ela se dirige (arts. 5º da LICC e 6º do ECA). A finalidade do trabalho educativo, previsto no Estatuto da Criança e do Adolescente, é justamente promover o desenvolvimento do educando, fora da marginalidade que assola a sociedade brasileira. Por conseguinte, não se vislumbra a possibilidade de aplicação dos preceitos celetistas ao trabalho educativo estabelecido no artigo 68 do Estatuto da Criança e do Adolescente.

Posto isso, rejeito o pedido de reconhecimento da existência do vínculo empregatício e conseqüente anotação em CTPS. Por conseguinte, rejeito todos os demais pedidos prefacialmente tecidos no tópico 'Dos Pedidos' (fls. 6/7), porquanto decorrentes do alegado contrato de emprego."

Decisões de Tribunais Regionais

Número Único Proc: RO – 00506-2002-066-03-00 – Segunda Turma – Tribunal: 3ª Região – Relator: Juiz Fernando Antônio de Menezes Lopes – EMENTA: Empresa Brasileira de Correios e Telégrafos. Convênio. Menor Carente. Estatuto da Criança e do Adolescente. Quando a Empresa Brasileira de Correios e Telégrafos celebra convênio com associação de bairros, para receber em suas dependências menor carente, na qualidade de adolescente aprendiz, não está agindo de modo fraudulento, no intuito de desvirtuar a aplicação dos preceitos contidos na CLT. A bem da verdade, a EBCT está participando de programa social, pautado em trabalho educativo, que, nos termos do art. 68, parágrafo 1º, da Lei n. 8.069/90, é entendido como "a atividade laboral em que as exigências pedagógicas relativas ao desenvolvimento pessoal e social do educando prevalecem sobre o aspecto produtivo".

Número Único Proc: ROPS – 00411-2002-073-03-00 – Segunda Turma – Tribunal: 3ª Região – Relatora: Juíza Alice Monteiro de Barros - EMENTA: Convênio Entre a ECT e a Fundação Hermine e Paul Zielinski. Responsabilidade Subisidiária da ECT. A contratação do menor na condição de adolescente aprendiz, como previsto no Estatuto da Criança e do Adolescente, mediante convênio entre as empresas, não caracteriza a terceirização de serviços de que trata o E. 331, IV, do TST, nem atrai para a ECT a responsabilidade pelos créditos trabalhistas daquele, conforme entendimento da Eg. Turma firmado no RO 2.533/01 e ROPS 2.383/01 e 2.310/01 que acompanho. Trata-se de hipótese em que o ente da Administração Pública coloca em prática as medidas de proteção ao menor previstas na Lei n. 8.069/90, oferecendo trabalho educativo em que as exigências pedagógicas prevalecem sobre o aspecto produtivo.

ROS Num: 011404 Ano: 2000 – Turma: SEP – Seção Especializada (Comp. Recursal) – Tribunal: 15ª Região – Relator: Relator: Carlos Alberto Moreira Xavier – EMENTA: Vínculo Empregatício. Não Reconhecimento. Menor Participante de Programa Educativo Junto à "Casa Do Pequeno Trabalhador", Entidade Civil, de Caráter Assistencial, Sem Fins Lucrativos e Com a Finalidade de Propiciar Atividades de Educação, Cultura e Desporto, de Saúde e Nutrição, de Trabalho, Recreação e Lazer.

RO Num: 033374 Ano: 1998 – Turma: TU5 – Quinta Turma – Tribunal: 15ª Região – Relatora: Eliana Felippe Toledo – EMENTA: Relação de Emprego – Trabalho Educativo – Guarda Mirim. As instituições de guardas-mirins realizam um trabalho social dando oportunidade a seus integrantes de dar os primeiros passos no caminho do trabalho e da convivência social. Reconhecer a relação de emprego quando da existência de trabalho educativo seria penalizar as empresas que colaboram com tais instituições, impondo um ônus a quem na verdade mereceria aplausos.

Número Único Proc: RO – 00158-2002-036-23-00 - Tribunal: 23ª Região – Relator: Juiz Osmair Couto – Redator Designado: Juiz Roberto Benatar – EMENTA: Trabalho Educativo. Vínculo Empregatício. Ausência de Admissão de Prestação de Labor pelo Reclamado. Ônus da Prova. O trabalho educativo, modalidade estabelecida na Lei n. 8.069, de 13 de julho de 1990, não enseja a configuração de vínculo de emprego, porquanto a sua prevalência não é do aspecto produtivo do trabalho, mas o desenvolvimento social e moral do educando. A simples alegação de que havia fraude no regime de trabalho, sem escoteira prova nesse sentido, não leva à presunção do vínculo de emprego, salvo confissão em relação a período final da relação jurídica, remanescendo, quanto ao restante do período, a alegação de que a participação do reclamante, menor impúbere, contando com dez anos de idade, dava-se apenas em atividades lúdicas (canto e coral) e educativas (trabalhos em madeira) e esportivas, vinculadas a projetos sociais desenvolvidos pelo município/ reclamado.

RO-V Num: 02260 Ano: 2001 – Turma: 1ª T. – Primeira Turma – Tribunal: 12ª Região – Redatora Designada: Juíza Licélia Ribeiro – EMENTA: Aluno Aprendiz. Vínculo de Emprego. Inexistência. Não caracteriza relação de emprego a participação de aluno aprendiz em programa de aprendizagem profissional e de grau médio, mediante bolsa de estudo e com acompanhamento de profissionais gabaritados. Na hipótese é oportunizada ao participante a experiência na sua linha de formação, complementando o ensino e a aprendizagem, com planejamento, execução, acompanhamento e avaliação condizente, ampliando sua capacitação para o mercado de trabalho.

Processo RO n. 01364-2003-093-15-00-0 – Recte.: Adelita Euzébio Viana – Recdo.: Associação de Educação do Homem de Amanhã e Amanda Cristine Teixeira – ME – Relator: Juiz Valdevir Roberto Zanardi. EMENTA: Divergência parcial; mantém-se a improcedência dos pedidos formulados em face do não reconhecimento da relação de emprego; mantém-se, porém, o deferimento da justiça gratuita e a isenção de custas.

Processo RO n. 4.034/90, 2ª T. TRT 10ª Reg., Relª Desig. Juíza Guilhermina M. Vieira de Freitas, DJU 10.9.92, p. 27.830 – EMENTA: Projeto de Colocação no Mercado de Trabalho – Inexistência de Relação de Emprego. Menores. Projeto de colocação no mercado de trabalho. Inexistência de vínculo empregatício. O interesse da sociedade, de obter a orientação e preparo do menor carente, com seu conseqüente adestramento para o mercado formal de trabalho, superara o interesse individual do menor em questão, de ter reconhecido o vínculo empregatício com a instituição que adota tais projetos. Recurso a que se nega provimento.

Processo MS n. 004082, TRT 24ª Reg., Ac n. 2976, Rel. Juiz Antonio Falcão Alves, Decisão 8.6.1995, DJ 21.7.1995 – EMENTA: Vínculo Empregatício – Patrulheiros Mirins – Inexistência – Orientação Educacional e Treinamento Profissional. Inexiste vínculo empregatício entre patrulheiro mirim e a respectiva Corporação, porquanto o mesmo ali ingressou para receber orientação educacional e treinamento profissional, conforme previsão estatutária da referida entidade, cujo trabalho tão-somente reflete o interesse da sociedade na preparação do menor carente para o mercado de trabalho, intencionando, conseqüentemente, melhoras nas suas condições de vida.

O Juiz Relator Dr. *Antonio Falcão Alves* destacou trecho da E. junta sentenciante (4ª JCJ de Campo Grande), veja:

"... o trabalho desenvolvido pela Reclamada visando a dar cumprimento ao objetivo mencionado no art. 3º do seu estatuto (fl. 31), só merece elogios, haja vista o enorme contingente de adolescentes carentes existente em nossa sociedade, muitos dos quais acabam até mesmo se perdendo pelos caminhos da criminalidade, dada a total falta de preparo de que dispõem para ingressar no mercado de trabalho.

Assim, com a atuação da Reclamada, muito desses menores carentes têm conseguido colocação no mercado de trabalho, melhorando de condição de vida e, conseqüentemente, saindo da marginalidade na qual se encontravam..."

> Processo RO n. 2.935/2001, TRT 10ª Reg., Rel. Juiz José Ribamar O. Lima Júnior, DJU 3 15.3.02, p. 86 – EMENTA: Convênios – Adolescentes Carentes – Validade. Dentre os objetivos fundamentais da República está a erradicação da pobreza e da marginalização, com a redução das desigualdades sociais e regionais (CF, art. 3º, inciso III). A valorização do trabalho e da livre iniciativa insere-se como um dos fundamentos do Estado democrático de direito (CF, art. 1º, IV). Nesse compasso, sendo dever do Estado, da sociedade e da família assegurar à criança e ao adolescente, com absoluta prioridade, o direito à profissionalização, dentre outros, ostentam validade convênios celebrados por empresa pública e entidades assistenciais, destinados a conceder a adolescentes carentes frentes de trabalho. Concretas violações legais devem ser repelidas caso a caso, mediante prova cabal, peculiaridade não evidenciada nos presentes autos. Recurso conhecido e desprovido.
>
> Processo MS n. 004181, TRT 24ª Reg., Ac n. 5.400, Rel. Juiz João de Deus Gomes de Souza, Decisão

23.11.1995, DJ 18.12.1995 – EMENTA: Patrulheiros Mirins – Vínculo Empregatício. Não existe vínculo empregatício entre a Corporação dos Patrulheiros Mirins e os menores que ali se integram com o escopo de aprendizado profissional. Não se podendo punir quem presta um favor a toda a sociedade, porquanto aquela entidade visa a formação e orientação profissional de menores carentes, sendo indubitável o seu caráter educacional. Recurso provido por unanimidade.

Decisão do Colendo Tribunal Superior do Trabalho

O Colendo Tribunal Superior do Trabalho vem acolhendo a tese que consagra o trabalho educativo como uma das modalidades de trabalho permitidas aos adolescentes, sem vínculo empregatício. Alguns exemplos:

> Proc. n. TST – Rr – 10603/2002-900-02-00.2. Acórdão: 3ª Turma – Relator Ministro Vantuil Abdala. EMENTA: Ação Civil Pública – Ministério Público do Trabalho – Asam Círculo de Amigos do Menor Patrulheiro – Assistência Educacional, Profissional e à Saúde do Menor – Bolsa de Estudos – Inexistência de Vínculo Empregatício. Trata-se de hipótese em que a Requerida prestava assistência aos menores, proporcionando-lhes educação, orientação profissional, além de assistência à saúde. Celebrava convênios, por meio dos quais os menores recebiam pagamento intitulado bolsa de estudos, equivalente a um salário mínimo, nos primeiros sessenta dias, acrescido de 50% após esse período, além de custear seguro de vida e pagar taxa administrativa de 50%. Dessa forma, verifica-se que o amparo ao menor carente, efetuado pela Recorrida, não afronta o disposto no art. 227, § 3º, II da Carta Magna, na medida em que a formação

educacional e profissional e a percepção de bolsa de estudos (paga pelas empresas conveniadas) não caracterizam vínculo empregatício. Não evidenciada ofensa aos arts. 7º, XXX e XXXIII da Constituição Federal; 1º, 6º, 61 e 65 da Lei n. 8.069/90.

...

Proc. N. TST-RR-54.300/2002-900-10-00.8. Acórdão: 2ª Turma – DJ: 30/03/2007 – Relator: Min. Renato de Lacerda Paiva. EMENTA: RECURSO DE REVISTA. NULIDADE DO JULGADO POR NEGATIVA DE PRESTAÇÃO JURISDICIONAL. Entregue de forma completa e efetiva a prestação jurisdicional pelo Tribunal Regional, ilesos resultaram os artigos de lei indicados como violados. Recurso não conhecido.

CONTRATAÇÃO DE MENORES. O eg. TRT, soberano na análise do conteúdo fático-probatório dos autos, declarou comprovada a inexistência de vínculo empregatício, assim como a natureza socioeducativa das atividades exercidas pelos adolescentes, junto à ECT. É de se reconhecer que restou corretamente atribuída a subsunção da descrição dos fatos às normas pertinentes, não havendo que se falar em violação do art. 68 do Estatuto da Criança e do Adolescente, art. 37, inciso II, da Carta Magna, ou ainda, em contrariedade à Súmula n. 331 do TST. Recurso de revista não conhecido.

Vistos, relatados e discutidos estes autos de Recurso de Revista n. TST-RR-54.300/2002-900-10-00.8, em que é Recorrente MINISTÉRIO PÚBLICO DO TRABALHO DA 10ª REGIÃO e Recorrida EMPRESA BRASILEIRA DE CORREIOS E TELÉGRAFOS - ECT.

O Tribunal Regional do Trabalho da Décima Região, mediante o acórdão de fls. 320/329, conheceu do recurso interposto e negou-lhe provimento, nos termos da fundamentação.

Opostos embargos de declaração pelo Ministério Público, às fls. 334/336, acolhidos apenas para esclarecimentos, às fls. 341/343.

O reclamante interpõe recurso de revista, às fls. 345/354. Postula a reforma do decidido quanto aos seguintes temas 1) nulidade por negativa de prestação jurisdicional, por violação do art. 832, da Consolidação das Leis do Trabalho e 2) contratação de menores, por violação dos arts. 37, inciso II, da Constituição Federal, 68 do Estatuto da Criança e do Adolescente, contrariedade à Súmula/TST n. 331 e divergência jurisprudencial.

O recurso foi admitido pelo despacho de fls. 361/362.

Não foram apresentadas contra-razões, conforme certidão de fls. 366.

Dispensado o parecer da d. Procuradoria-Geral, uma vez que o próprio *parquet* é o recorrente.

É o relatório. Voto.

(... *omissis* ...)

Dentre os objetivos fundamentais da República está a erradicação da pobreza e da marginalização, com a redução das desigualdades sociais e regionais (CF, art. 3º, inciso III). A valorização do trabalho e da livre iniciativa insere-se como um dos fundamentos do Estado democrático de direito (CF, art. 1º, IV).

Constitui dever do Estado, da sociedade e da família assegurar à criança e ao adolescente, com absoluta prioridade, o direito à vida, à saúde, à alimentação, à educação, ao lazer, à profissionalização, à cultura, à dignidade, ao respeito, à liberdade e à convivência familiar e comunitária, além de colocá-los a salvo de toda forma de negligência, discriminação, exploração, violência, crueldade e opressão (CF, art. 227, *caput*).

Dentro desse cenário, a celebração de convênios destinados a fomentar a profissionalização de adolescentes carentes encontra amparo legal (Lei n. 8.069/90).

Não se trata, portanto, de mero provimento de emprego público sem a realização de concurso em virtual ofensa ao art. 37, II, da Constituição Federal.

Da mesma forma, não visualizo a existência de intermediação de mão-de-obra, na forma repelida pelo verbete n. 331 do C. TST.

Há, em verdade, cumprimento aos termos do convênio cuja implementação exige a execução de atividades laborais no âmbito da recorrida.

Nesse estágio, cumpre registrar alguns aspectos fáticos proeminentes.

Dos termos lançados na petição inicial, observa-se que a premissa na qual se embasa o Ministério Público identifica-se com a existência de um programa divorciado das características que envolvem o trabalho do menor aprendiz, argumentação que não teria sido impugnada.

Realmente, não foi, pois, na dicção da acionada trata-se de um programa dotado de conteúdo socioeducativo, com o implemento de várias atividades, conforme descrição promovida em linhas pretéritas.

As irregularidades denunciadas na peça de ingresso estariam comprovadas pelo teor do Relatório de Fiscalização elaborado pela Delegacia Regional do Trabalho do Distrito Federal.

A peça encontra-se às fls. 08/19, sendo datada de 25 de agosto de 1997, antes, portanto, da instauração do Inquérito Civil Público, que data de 13 de outubro de 1997 (fl. 53).

A atuação fiscalizadora ateve-se às cidades de Brasília, Valparaízo e Luziânia, não obstante se tratar de um programa de âmbito nacional.

(... *omissis* ...)

O Ministério Público sustenta que o trabalho desenvolvido pelos adolescentes, no caso dos autos, não está revestido de natureza eminentemente educativa, ante a natureza das tarefas desempenhadas. Alega que, apenas eventualmente, há realização de palestras e reuniões socioeducativas. Afirma que o trabalho educativo não pode estar inserido no processo produtivo de uma empresa que visa ao lucro, como é a ECT, alegando, ainda, que há necessidade da fixação de conteúdo pedagógico e não pode haver risco à integridade do adolescente, como ocorre com o trabalho realizado nas ruas, entregando cartas, em que o aliciamento para atividades ilegais e criminosas torna-se mais fácil e em que os acidentes (atropelamento) são comuns. Sustenta que a profissionalização deve ocorrer por meio de regular processo de aprendizagem, com conteúdo curricular que forneça conhecimentos profissionais e em que haja uma certificação. Aponta violação dos arts. 37, inciso II, da Constituição Federal, 68, do Estatuto da Criança e do Adolescente, divergência à Súmula/TST n. 331 e divergência jurisprudencial.

Quanto ao tema em exame, consignou o Tribunal Regional do Trabalho, em sua ementa, *in verbis*:

CONVÊNIOS. ADOLESCENTES CARENTES. VALIDADE. Dentre os objetivos fundamentais da República está a erradicação da pobreza e da marginalização, com a redução das desigualdades sociais e regionais (CF, art. 3º, inciso III). A valorização do trabalho e da livre iniciativa insere-se com um dos fundamentos do Estado democrático de direito (CF, art. 1º, IV). Nesse compasso, sendo dever do Estado, da sociedade e da família assegurar à criança e ao adolescente, com absoluta prioridade, o direito à profissionalização, dentre outros, ostentam validade convênios celebrados por empresa pública e entidades assistenciais, destinados a conceder a adolescentes carentes frentes de trabalho. Concretas violações legais devem ser repelidas caso a caso, mediante prova cabal, peculiaridade não evidenciada nos presentes autos. Recurso conhecido e desprovido. (fls. 320)

(... *omissis* ...)

De toda sorte, o órgão vinculado ao Ministério do Trabalho sugeriu a adoção das seguintes providências (...).

Em sua conclusão, o relatório é enfático: consideramos importante a continuidade do programa, desde que sejam acatadas as recomendações e ponderações contidas neste relatório, pois apesar de oferecer uma remuneração muito baixa, somada, em alguns casos, a grande responsabilidade a que estão sujeitos no exercício de suas obrigações, o Programa beneficia, no caso em tela, 191 adolescentes que, por não terem outra alternativa, aceitaram esse tipo de trabalho.

(...)

Estas são, em síntese, as provas documentais existentes nos autos, as quais, como bem observou a decisão originária, não proporcionam o acolhimento do pedido.

Além do restrito campo de atuação da fiscalização, — repita-se, anterior à instauração do inquérito civil público da premissa equivocada de se tratar de trabalho referente a menor aprendiz; há notícia de melhoria do programa, com ênfase ao aspecto socioeducativo, conforme demonstra a vasta prova documental colacionada inclusive pelo próprio autor.

(... omissis ...)

Consignou, não menos, restar expressamente comprovado o cunho socioeducativo do programa em que se inseriram os menores, levando em conta, dentre outros, o documento constante nos autos, de reconhecimento, por parte da Fundação Abrinq, de que o programa atendeu às garantias insculpidas no Estatuto da Criança e do Adolescente e ainda, de que as atividades externas realizadas foram autorizadas pela Vara de Infância e Juventude.

Com efeito, inafastável a conclusão de que — ao reconhecer a inexistência de vínculo empregatício e a natureza socioeducativa das atividades exercidas pelos adolescentes, junto à ECT — logrou o eg. TRT dar a correta subsunção da descrição dos fatos às normas pertinentes, não havendo que se falar em violação do art. 68, do Estatuto da Criança e do Adolescente, art. 37, inciso II, da Carta Magna, ou ainda, em contrariedade à Súmula n. 331 do TST.

Tampouco resta configurada divergência jurisprudencial com os arestos colacionados à fl. 363. Isso porque, não guardam pertinência fática com a hipótese dos autos, em que o eg. TRT, soberano na análise do conteúdo probatório, reconheceu expressamente a celebração válida de convênios destinados a fomentar a profissionalização de adolescentes carentes.

Reconheceu, não menos, que os adolescentes foram contratados pelas entidades assistenciais responsáveis, as quais efetuam o pagamento da remuneração e demais vantagens, assumindo os encargos trabalhistas e previdenciários; e ainda, que restou comprovado o cunho socioeducativo do programa em que se inseriram os menores. Incide o óbice da Súmula n. 296 do TST.

Não conheço.

ISTO POSTO ACORDAM os Ministros da Segunda Turma do Tribunal Superior do Trabalho, por unanimidade, não conhecer do recurso de revista.

Brasília, 28 de fevereiro de 2007.

Renato de Lacerda Paiva – Ministro Relator

...

Proc. N. TST-RR-423.136/98.9. Acórdão: 2ª Turma – DJ 16/08/2002. Relator José Pedro de Camargo. EMENTA: RECURSO DE REVISTA – MENOR – VÍNCULO EMPREGATÍCIO – ATIVIDADE EDUCACIONAL – DISSENSO INEXISTENTE. Resultando da prova dos autos que o relacionamento entre as partes decorreu de convênio entre fundação e a reclamada, visando à promoção educacional do reclamante, preponderando este aspecto no relacionamento, não há como se vislumbrar violação direta dos arts. 7º, XXXIII e 227, § 3º, da Constituição Federal e do art. 60

da Lei n. 8.069/90, pois não está em jogo a idade mínima de trabalho assalariado, cuja caracterização foi afastada. Também sucumbe o apelo pela falta de apresentação de dissenso interpretativo do art. 68 dessa última lei.

Recurso não conhecido.

Vistos, relatados e discutidos estes autos em Recurso de Revista N. TST-RR-423.136/98.9, em que é Recorrente WILLEN OLIVEIRA DE SOUZA e Recorrido CASAS DO ÓLEO LTDA.

O E. Tribunal Regional do Trabalho da 11ª Região, por meio do acórdão de fls. 116/119, deu provimento ao recurso ordinário do reclamado, para julgar improcedente a reclamação.

Inconformado, o reclamante interpôs o Recurso de Revista de fls. 124/129, admitido pelo despacho de fl. 131.

O reclamado ofereceu contra-razões às fls. 135/141.

Os autos não foram enviados à d. Procuradoria-Geral do Trabalho, em face do que dispõe o art. 113 do RITST.

É o relatório.

VOTO

CONHECIMENTO

Presentes os pressupostos genéricos de admissibilidade, passo à análise dos específicos da revista.

VÍNCULO EMPREGATÍCIO – MENOR – ATIVIDADE EDUCACIONAL

O E. 11º Regional decidiu: Não caracteriza a existência do contrato de trabalho a prestação de serviços de menor, com a intermediação da FUNDACOM, com a qual a reclamada firmou convênio com o objetivo de promover a educação profissional de adolescentes (fl. 116).

Nas razões de revista, o reclamante afirma que o acórdão recorrido ofendeu o disposto nos arts. 7º,

XXXIII, e 227, § 3º, ambos da Constituição Federal, além de dar interpretação divergente da de outros tribunais ao art. 68 e §§ da Lei n. 8.069/90. Alega que não foi observada a idade mínima para o trabalho, na medida em que contava com apenas nove anos de idade ao ingressar na reclamada, ressaltando a existência de cláusula, no termo de convênio, estipulando a idade mínima de catorze anos para a admissão dos adolescentes. Afirma, ainda, que não havia autorização do SENAC, na forma das Portarias ns. 127/56 e 1.055/64, que tratam da aprendizagem no emprego. Salienta, por fim, que laborava até elevadas horas da noite, bem como aos sábados, domingos e feriados.

O recorrente não logrou impulsionar o presente apelo, em que pese a relevância das respectivas razões recursais, *data venia* do juízo primeiro de admissibilidade.

Os dois dispositivos constitucionais invocados pelo recorrente, assim como o art. 60 da Lei n. 8.069/90, proíbem o trabalho noturno, perigoso ou insalubre aos menores de dezoito anos, fixando em catorze a idade mínima para a admissão em qualquer trabalho, exceto no caso do aprendiz.

Com efeito, o que se discute nestes autos não é o fato de o reclamante ter, ou não, idade suficiente para o trabalho.

Discute-se a existência de vínculo empregatício, tendo, porém, o julgador regional, reconhecido e provado o fato impeditivo alegado pela reclamada, qual seja, ... o aspecto educacional preponderante do relacionamento entre as partes... , fundamentando-se na circunstância de que o reclamante ...tinha obrigação de exibir o seu boletim escolar à empresa, por ocasião do pagamento (fl. 118).

Assim, irrelevante se afigura a idade com a qual o reclamante ingressou na reclamada, até porque, se violação houve contra os preceitos que proíbem o trabalho aos menores, foi ela perpetrada pelas próprias partes, não pelo acórdão regional. Inteligência da alínea *c* do art. 896 da CLT.

Por outro lado, em que pese a alegação de dissenso interpretativo a respeito do art. 68 e §§ da Lei n. 8.069/90, verifico que o recorrente descurou-se na apresentação de jurisprudência divergente, não tendo colacionado um único aresto para cotejo de teses. Incidência da alínea *a* do art. 896 da CLT e do Enunciado n. 337.

Ademais, não se presta a alavancar o presente recurso a argüição de ofensa às Portarias do Senac.

No mesmo sentido do julgado regional, já decidiu o Exmo. Ministro Vantuil Abdala, no proc. TST RR 388266/97, 2ª T. (DJ 2.2.2001, p. 604), cuja ementa transcrevo:

PROGRAMA BOM MENINO – MENOR ASSISTIDO – VÍNCULO EMPREGATÍCIO. O Decreto n. 94.338/87 deixa claro que o programa não gera vínculo de emprego, em virtude de sua finalidade específica, qual seja, a de propiciar ao menor assistido, mediante atividades de aprendizagem social, profissional e cultural, a sua participação em situações reais de vida e trabalho de seu meio. O simples fato de a menor ter laborado em jornada superior à determinada pelo Decreto em comento não gera o vínculo empregatício, ante a inexistência de determinação legal. Recursos de revista conhecidos e desprovidos.

Pelo exposto, NÃO CONHEÇO do recurso.

ISTO POSTO ACORDAM os Senhores Ministros da Segunda Turma do Tribunal Superior do Trabalho, por unanimidade, não conhecer do recurso de revista.

Brasília, 26 de junho de 2002.

JOSÉ PEDRO DE CAMARGO
Juiz Convocado – Relator

Capítulo XIV

CONSIDERAÇÕES FINAIS

Em face da experiência de várias décadas das Guardas Mirins, Patrulheiros, Legionários e demais entidades de atendimento, observa-se que a legislação mais recente relacionada ao trabalho do adolescente assistido poderá lhes abrir, seguramente, novos caminhos, na busca da educação e capacitação profissional que os preparem para competir, com amplas possibilidades de êxito, no mundo do conhecimento e da informação.

A par disso, não se pode esquecer da importância de se proporcionar ocupação aos adolescentes, evitando-se que vaguem sem rumo — ou em rumos errados — numa idade decisiva da vida.

O trabalho educativo, que proporciona ao adolescente, a um só tempo, educação, trabalho e rendimento, aparece como inegável fator de transformação na vida de muitas criaturinhas, principalmente daquelas de famílias de baixa renda.

Impõe-se reconhecer que a missão das entidades de atendimento, notadamente as organizações não governamentais sem fins lucrativos, transcende os objetivos do ensino profissionalizante. Podem ser apontadas como justificativas dessa transcendência: (1) a ação supletiva relativamente ao papel da família; (2) o enfoque mais na formação do cidadão cônscio dos seus deveres do que no técnico e (3) a iniciação ao trabalho em situações mais conformes com a realidade.

As famílias com renda suficiente para encaminhar os filhos prescindem da sua ajuda no orçamento doméstico, enquanto garantem sua permanência na escola e os orientam na escolha da profissão. Já as famílias carentes, muitas delas com estrutura frágil, precisam, quase sempre, da ajuda do adolescente no orçamento familiar, o que dificulta sua manutenção na escola. Não possuem, também, condições para seu encaminhamento profissional. Vem aí a ação supletiva das entidades de atendimento, dedicadas ao trabalho educativo, proporcionando a ajuda financeira através da bolsa paga pelas entidades colaboradoras, ao mesmo tempo em que dá oportunidade de preparação para o trabalho.

As organizações não necessitam apenas de bons técnicos, isto é, de empregados com conhecimentos e habilidades técnicas desenvolvidas. Precisam de bons empregados, quer dizer, de empregados responsáveis, cumpridores das suas obrigações. Essa tem sido, há mais de quarenta anos, a grande preocupação das entidades de atendimento em relação aos adolescentes das famílias pobres, justamente eles que, em grande parte, vivem em ambiente de influência negativa. Não é outro o sentido do trabalho educativo, que é a educação através do trabalho e não a educação para o trabalho.

O universo do trabalho é mais amplo que o universo das profissões. A vida urbana, a evolução da tecnologia e a mudança dos costumes têm criado e desdobrado as profissões nas mais diversas ocupações e atividades. Contam-se por volta de cinqüenta mil as ocupações e atividades exercidas como trabalho remunerado, contra apenas algumas centenas de ofícios e profissões ensinados em escolas profissionalizantes. A realidade é que a maioria das ocupações e atividades remuneradas resulta de aprendizado no próprio trabalho.

Um olhar pelas atividades industriais, comerciais e de serviços evidencia que a maior parte não necessita mais do que o ensino fundamental e, quando possível, o ensino médio. As habilidades são adquiridas pelo exercício direto no trabalho. Assim, no processo do trabalho educativo, ao fazer a orientação social, manter o adolescente na escola, dar reforço de português e matemática, oferecer noções básicas de informática e de comércio e encaminhando-o para a prática nas entidades colaboradoras, empresas e outras organizações, públicas ou sem fins lucrativos, o que se faz está perfeitamente enquadrado na realidade em que vivemos.

Por último, o trabalho educativo, combinando orientação sadia com atividade prática, é motivador, retém o adolescente no processo, é relevante na assistência social, afasta a exploração do trabalho de menores e seu abandono nas ruas. Seria bom se pudéssemos ampliar indefinidamente o número das entidades dedicadas a ele, até que um dia nossos **educandos** — como os chamamos hoje — encontrem uma estrutura educacional que lhes possibilite a permanência na escola pelo tempo integral. Quando isso ocorrer — e é inevitável que no futuro ocorra — Guardas Mirins, Serviços de Orientação de Menores, Círculos dos Patrulheiros, Associações de Educação do Homem de Amanhã, Legiões Mirins e outras entidades similares terão pela frente duas alternativas: ou mudarão de estrutura e de finalidade, mantendo unidos seus voluntários e idealistas, ou desaparecerão, deixando na história a marca de um trabalho admirável prestado em benefício de milhares e milhares de jovens espalhados pelo nosso imenso país, bem como de um relevante serviço dedicado ao Brasil.

OBRAS CONSULTADAS

ABREU, Charles Jean Inicio de. *Estudo crítico ao Estatuto da Criança e do Adolescente: comentários e análises*. Porto Alegre: Síntese, 1999.

ASSIS, Jorge César de. *Estatuto da Criança e do Adolescente em perguntas e respostas*. 2. ed. (ano 2003), 4. tir. Curitiba: Juruá, 2006.

CARNEIRO, Moaci Alves. *LDB Fácil: Leitura crítico-compreensiva: artigo a artigo*. 7. ed. Petrópolis, Rio de Janeiro: Vozes, 1998.

CARRION, Valentin. *Comentários à Consolidação das Leis do Trabalho*. São Paulo: LTr, 2004.

CARVALHO, Jéferson Moreira de. *Estatuto da Criança e do Adolescente*. 2. ed., revista e ampliada. São Paulo: Editora Juarez de Oliveira, 2000.

CERQUEIRA, Thales Tácito Pontes Luz de Pádua. *Manual do Estatuto da Criança e do Adolescente: teoria e prática*. São Paulo: Premier Máxima, 2005.

CHAVES, Antonio. *Comentários ao Estatuto da Criança e do Adolescente*. 2. ed. São Paulo: LTr, 1997.

CURY, Munir; PAULA, Paulo Afonso Garrido de; MARÇURA, Jurandir Norberto. *Estatuto da Criança e do Adolescente anotado*. 3. ed., rev. e atual. São Paulo: Revista dos Tribunais, 2002.

D'AGOSTINI, Sandra Mari Cordova. *Adolescentes em conflito com a lei... & a realidade!*. Curitiba: Juruá, 2003.

D'ANDREA, Giuliano. *Noções de direito da criança e do adolescente*. Florianópolis: OAB/SC Editora, 2005.

DUTRA, Maria Zuila Lima. *Meninas domésticas, infâncias destruídas – legislação e realidade social*. São Paulo: LTr, 2007.

ELIAS, Roberto João. *Comentários ao Estatuto da Criança e do Adolescente*. São Paulo: Saraiva, 1994.

Estatuto da Criança e do Adolescente. Organização dos textos por Juarez de Oliveira. São Paulo: Saraiva, 1990.

Estatuto da Criança e do Adolescente. Obra coletiva de autoria da Editora Saraiva com a colaboração de Antonio Luiz de Toledo Pinto, Márcia Cristina Vaz dos Santos Windt e Lívia Céspedes. 12. ed., atual. e aum. São Paulo: Saraiva, 2002.

Estatuto da Criança e do Adolescente. Obra coletiva de autoria da Editora Revista dos Tribunais, com a coordenação de Giselle de Melo Braga Tapai. (RT legislação). São Paulo: Editora Revista dos Tribunais, 2004.

Estatuto da Criança e do Adolescente. 2. ed. revista e atualizada. Coleção Verba Legis. São Paulo: Iglu, 2005.

FIRMO, Maria de Fátima Carrada. *A criança e o adolescente no ordenamento jurídico brasileiro*. Rio de Janeiro: Renovar, 1999.

GOMIDE, Paula Inez Cunha. *Menor infrator: A caminho de um novo tempo*. 2. ed. (ano 1998), 7. tir. Curitiba: Juruá, 2006.

GRUNSPUN, Haim. *O Trabalho das crianças e dos adolescentes*. São Paulo: LTr, 2000.

ISHIDA. Valter Kenji. *Estatuto da Criança e do Adolescente*. 7. ed. São Paulo: Atlas, 2006.

JESUS, Damásio Evangelista de. *Direto penal*. 2º vol. – Parte Especial. 4. ed. São Paulo: Saraiva.

LIBERATI, Wilson Donizete. *Comentários ao Estatuto da Criança e do Adolescente*. 7. ed., rev. e ampl. São Paulo: Malheiros Editores, 2003.

MACHADO JR., César Pereira da Silva. *O Direito à educação na realidade brasileira*. São Paulo: LTr, 2003.

MACHADO, Martha de Toledo. *A proteção constitucional de crianças e adolescentes e os direitos humanos*. Barueri: Manole, 2003.

MARTINS, Adalberto. *A proteção constitucional ao trabalho de crianças e adolescentes*. São Paulo: LTr, 2002.

MARTINS, Daniele Comin. *Estatuto da Criança e do Adolescente & política de atendimento*. 1. ed. (ano 2003), 4. tir. Curitiba: Juruá, 2006.

MARTINS, Ives Gandra da Silva. *Conheça a Constituição: comentários à Constituição brasileira*. v. 1. Barueri: Manole, 2005.

MARTINS, Melchíades Rodrigues. *Fiscalização trabalhista*. São Paulo: LTr, 2006.

MAZZILLI, Hugo Nigro. *Ministério Público*. 3. ed. São Paulo: Damásio de Jesus, 2005.

MILANO FILHO, Nazir David; MILANO, Rodolfo César. *Obrigações e responsabilidade civil do poder público perante a criança e o adolescente*. São Paulo: Livraria e Editora Universitária de Direito, 2002.

MINHARRO, Erotilde Ribeiro dos Santos. *A criança e o adolescente no direito do trabalho*. São Paulo: LTr, 2003.

MORAES, Antonio Carlos Flores de. *Trabalho do adolescente: proteção e profissionalização*. 2. ed., rev. e atual. Belo Horizonte: Del Rey, 2002.

MOTTA, Elias de Oliveira. *Direito educacional e educação no século XXI*. Brasília: UNESCO, 1997.

NASCIMENTO, Amauri Mascaro. *Iniciação ao direito do trabalho*. São Paulo: LTr, 1992.

NASCIMENTO, Grasiele Augusta Ferreira. *A educação e o trabalho do adolescente*. 1. ed. (ano 2004), 2. tir. Curitiba: Juruá, 2005.

NASCIMENTO, Nilson de Oliveira. *Manual do trabalho do menor*. São Paulo: LTr, 2003.

NOGUEIRA, Paulo Lucio. *Estatuto da Criança e do Adolescente comentado*. 4. ed., rev., aum. e atual. São Paulo: Saraiva, 1998.

NUNES, Rodrigues. *Estatuto da Criança e do Adolescente*. São Paulo: RG Editores, 1999.

OLIVA, José Roberto Dantas. *O princípio da proteção integral e o trabalho da criança e do adolescente no Brasil*. São Paulo: LTr, 2006.

OLIVEIRA, Betty. *O trabalho educativo*. Campinas: Autores Associados, 1996.

OLIVEIRA, Oris de. *Trabalho e profissionalização do jovem*. São Paulo: LTr, 2004.

OLIVEIRA, Siro Darlan de. *Estatuto da Criança e do Adolescente: Lei 8.069/90*. 5. ed. Rio de Janeiro: DP&A Editora, 2003.

PEREIRA, Cássio Rodrigues. *Estatuto da Criança e do Adolescente à luz do direito e da jurisprudência*. Belo Horizonte: Cultura Jurídica (Editora Líder), 2002.

PINHO, Lílian Moreira (organização). *Estatuto da Criança e do Adolescente*. 2 ed. revista e ampliada. Rio de Janeiro: Roma Victor, 2005.

RIEZO, Barbosa. *Estatuto da Criança e do Adolescente interpretado*. 1. ed. São Paulo: Lexbook Editora, 1998.

SABATOVSKI, Emilio; FONTOURA, Iara P. (organizadores). *Estatuto da Criança e do Adolescente*. Curitiba: Juruá, 2006.

SANTAMARIA, Hermano Roberto. *Alguns aspectos da problemática do menor*. 1975.

SANTOS, Caio Franco. *Contrato de emprego do adolescente aprendiz*. Curitiba: Juruá, 2003.

SANTOS, Juscelindo Vieira dos Santos. *Contrato de estágio: subemprego aberto e disfarçado*. São Paulo: LTr, 2006.

SARAIVA, João Batista Costa. *Adolescente em conflito com a lei da indiferença à proteção integral*. Porto Alegre: Livraria do Advogado, 2003.

SAVIANI, Demerval. *Da nova LDB ao novo plano nacional de educação*. 3. ed. rev. Campinas: Autores Associados, 2000.

SEDA, Edson. *A a Z do Conselho Tutelar*.

SÉGUIN, Elida. *Aspectos jurídicos da criança*. Rio de Janeiro: Lúmen Júris, 2001.

SILVA, José Luiz Mônaco da. *Estatuto da Criança e do Adolescente*. São Paulo: Editora Juarez de Oliveira, 2000.

SOUZA, Paulo Nathanael Pereira de; SILVA, Eurides Brito da. *Como entender e aplicar a nova LDB (Lei n. 9.394/96)*. São Paulo: Pioneira Thomson Learning, 1997.

STEPHAN, Claudia Coutinho. *Trabalhador adolescente: em face das alterações da Emenda Constitucional n. 20/98*. São Paulo: LTr, 2002.

TAPAI, Giselle de Melo Braga. *Estatuto da Criança e do Adolescente e legislação correlata*. São Paulo: Revista dos Tribunais, 2004.

TAVARES, José de Farias. *Comentários ao Estatuto da Criança e do Adolescente*. Rio de Janeiro: Forense, 1999.

_____. *Direito da infância e da juventude*. Belo Horizonte: Del Rey, 2001.

VALENTE, José Jacob. *Estatuto da Criança e do Adolescente*. São Paulo: Atlas, 2002.

_____. *Estatuto da Criança e do Adolescente*. 2. ed. São Paulo: Atlas, 2005.

Vários Autores. *Estatuto da Criança e do Adolescente comentado*. 3. ed., 2. tir. São Paulo: Malheiros.

VERONESE, Josiane Rose Petry; COSTA, Marli Marlene Moraes da. *Violência doméstica: quando a vítima é criança ou adolescente*. Florianópolis: OAB/SC Editora, 2006.

VERONESE, Josiane Rose Petry; LUZ, Valdemar P. da. (coord.). *Direito da criança e do adolescente*. Florianópolis: OAB/SC Editora, 2006.

VIANNA, Guaraci de Campos. *Direito infanto-juvenil: teoria, prática e aspectos multidisciplinares*. Rio de Janeiro: Freitas Bastos, 2004.

VIDOTTI, Tárcio José. *Introdução à formação técnico-profissional: teoria, contrato de aprendizagem, estágio curricular*. São Paulo: LTr, 2004.

VIEIRA, Cleverton Elias; VERONESE, Josiane Rose Petry. *Limites na educação – sob a perspectiva da doutrina da proteção integral, do Estatuto da Criança e do Adolescente e da Lei de Diretrizes e Bases da Educação Nacional*. Florianópolis: OAB/SC Editora, 2006.

ZUPPO, Fernando. *Dez anos do Estatuto da Criança e do Adolescente*. Brasília: Centro de Documentação e Informação. Coordenação de Publicações, 2000.

Produção Gráfica e Editoração Eletrônica: **Peter Fritz Strotbek**
Capa: **Fabio Giglio**
Impressão: **Cometa Gráfica e Editora**